REDUCE COST AND
IMPROVE QUALITY
THE ROAD OF RURAL LOGISTICS INNOVATION AND
DEVELOPMENT IN THE NEW ERA

降本提质增效
——新时代农村物流创新发展之路

王硕 萧赓 等著

人民交通出版社

北京

内 容 提 要

本书全面探讨了电子商务背景下农村物流的发展状况与模式。首先概述了农村物流的概念、特点、背景及意义,特别是在电子商务背景下的变革;深入分析了农村物流的发展现状、成效以及面临的问题与挑战,并提出了相应的发展对策;随后设计了农村物流发展水平的评价体系,并选择了适当的评价方法;最后,通过典型案例展示了不同农村物流模式的成功实践,为农村物流的可持续发展提供了宝贵经验。

本书适用于对农村物流感兴趣的学生、研究学者及农村物流从业者。

图书在版编目(CIP)数据

降本提质增效:新时代农村物流创新发展之路 / 王硕等著. — 北京:人民交通出版社股份有限公司,2024.6

ISBN 978-7-114-19506-8

Ⅰ.①降… Ⅱ.①王… Ⅲ.①农村—物流管理—研究—中国 Ⅳ.①F259.22

中国国家版本馆CIP数据核字(2024)第084975号

Jiangben Tizhi Zengxiao——Xinshidai Nongcun Wuliu Chuangxin Fazhan zhi Lu

书　　名:	降本提质增效——新时代农村物流创新发展之路
著 作 者:	王　硕　萧　赓　等
责任编辑:	董　倩
责任校对:	孙国靖　卢　弦
责任印制:	刘高彤
出版发行:	人民交通出版社
地　　址:	(100011)北京市朝阳区安定门外外馆斜街3号
网　　址:	http://www.ccpcl.com.cn
销售电话:	(010)59757973
总 经 销:	人民交通出版社发行部
经　　销:	各地新华书店
印　　刷:	北京市密东印刷有限公司
开　　本:	720×960　1/16
印　　张:	5.25
字　　数:	75千
版　　次:	2024年6月　第1版
印　　次:	2024年6月　第1次印刷
书　　号:	ISBN 978-7-114-19506-8
定　　价:	68.00元

(有印刷、装订质量问题的图书,由本社负责调换)

编 委 会

主 编：王 硕 萧 赓

副主编：李 玮 闫建朝 董 娜

成 员：李彦林 沈严航 刚红润 赵 良
　　　　安 然 王亚楠 卢尔赛 孙东泉
　　　　冯淑贞 杨 光 华 光 郭梦扬

前言
PREFACE

党的二十大报告提出全面推进乡村振兴,坚持农业农村优先发展,坚持城乡融合发展,畅通城乡要素流动。新时代下,随着乡村振兴战略的全面推进,我国农村物流发展基础不断完善,而随着电子商务在农村地区渗透率的不断提高,农村物流与农村电商相互支撑、相互促进,有效促进了"农产品进城"和"工业品下乡",对构建城乡现代流通体系、助力乡村产业振兴发挥了重要作用。

近年来,交通运输部等部门持续推动我国农村物流发展,相继出台了《交通运输部办公厅关于进一步加强农村物流网络节点体系建设的通知》(交办运〔2016〕139号)、《交通运输部办公厅关于推进乡镇运输服务站建设加快完善农村物流网络节点体系的意见》(交办运〔2018〕181号)、《交通运输部 国家邮政局 中国邮政集团公司关于深化交通运输与邮政快递融合推进农村物流高质量发展的意见》(交运发〔2019〕107号)、《交通运输部 工业和信息化部 公安部 财政部 农业农村部 商务部 国家邮政局 中华全国供销合作总社 中国邮政集团关于加快推进农村客货邮融合发展的指导意见》(交运发〔2023〕179号)等系列政策文件,从完善基础设施、推动客货邮融合等多个角度推动我国农村物流的发展,并在全国评选了100个县区农村物流服务品牌,鼓励各地学习借鉴。

与此同时，由于农村物流市场点多、面广、量小，对市场吸引力不强，造成农村物流发展基础仍较为薄弱，网络节点覆盖率不高、功能不完善，配送资源整合效率低、运营成本高，标准规范缺失、服务品质不高，市场主体分散、可持续发展能力不强，"开得通、留不住"的问题还普遍存在，在一定程度上制约和影响了乡村产业振兴，成为我国现代物流体系的结构性短板，亟须进一步聚焦重点难点，研究寻找促进农村物流降本提质增效的新路径、新方法。

本书共分为6个章节，内容首先界定了电子商务背景下农村物流的定义；从基础设施、技术装备、企业、信息化、支持政策等方面梳理了农村物流发展现状，总结提炼了"网络货运""以商带农""以工带农"等农村物流发展典型模式；随后分析了农村物流发展面临的主要问题、需求和有关对策；设计了农村物流评价指标体系，并介绍了有关评价方法；最后总结了部分地区农村物流发展的典型案例。

本书具体撰写分工为：第一章由王硕、萧赓撰写；第二章由王硕、李玮、沈严航、卢尔赛撰写；第三章由李玮、闫建朝、董娜、刚红润、赵良撰写；第四章由王硕、萧赓、李彦林、闫建朝、孙东泉撰写；第五章由王硕、萧赓、冯淑贞、杨光撰写；第六章由王硕、董娜、王亚楠、华光、安然、郭梦扬撰写。

因时间和精力有限，本书的研究内容难免有所疏漏，或存在方法观点、措施建议的偏颇，敬请广大读者批评指正，同时希望本书能引发读者对我国农村物流发展的更多关注，进而深入探讨，为我国农村物流高质量发展出谋献策。

作　者
2024年4月

目录
CONTENTS

第一章 概述 ……………………………………………………1
    第一节 农村物流的概念 …………………………………1
    第二节 农村物流的特点 …………………………………3
    第三节 农村物流发展背景 ………………………………4
    第四节 农村物流发展意义 ………………………………6
    第五节 电子商务背景下的农村物流 ……………………7

第二章 农村物流发展现状 …………………………………9
    第一节 农村物流发展基础 ………………………………9
    第二节 农村物流发展成效 ……………………………16

第三章 农村物流发展模式分析 …………………………18
    第一节 传统农村物流发展模式分析 …………………18
    第二节 电子商务背景下农村物流发展模式分析 ………20
    第三节 电子商务背景下农村物流发展典型模式 ………22

第四章　农村物流发展问题、需求及对策分析 …………… 30
　　第一节　农村物流发展面临的主要问题 ………………… 30
　　第二节　农村物流发展需求分析 ………………………… 33
　　第三节　农村物流发展对策分析 ………………………… 35

第五章　农村物流发展水平评价指标体系设计
　　　　　与方法选择 …………………………………………… 38
　　第一节　农村物流发展水平评价指标体系设计 ………… 38
　　第二节　农村物流发展水平评价方法选择 ……………… 43

第六章　农村物流发展典型案例 …………………………… 51
　　第一节　"网络货运"模式 ………………………………… 51
　　第二节　"交邮(快)合作"模式 …………………………… 56
　　第三节　"以商带农"模式 ………………………………… 59
　　第四节　"以工带农"模式 ………………………………… 63
　　第五节　"以报带农"模式 ………………………………… 67
　　第六节　其他模式 ………………………………………… 71

参考文献 ………………………………………………………… 75

第一章 概　述

第一节　农村物流的概念

当前,学术界对农村物流并没有一个统一的概念,但已大体形成了几种代表性观点,具体如下:

一、农产品核心论

部分学者以农产品为核心来界定农村物流的概念,认为农村物流的主要服务对象就是农产品。以王新利为代表的学者认为,农村物流泛指农村从原材料采购到农产品形成,从农产品储藏、农产品流通加工到农产品销售(消费)的多种活动以及农村区域内农民获得生活用品的过程的集成。

二、大农村物流论

"大农村物流论"考虑到农村物流的综合性、复杂性,认为农村物流应涵盖因服务农村生产、生活而发生的一系列物流活动及再生资源物流。例如,李宏宇指出,农村物流是指因服务农村生产、生活而发生的一系列物质资料从供应者到需求者的运动过程。宋巍将农村物流定义为"为农村居民的生产、生活及其他经济活动提供运输、搬运、装卸、包装、加工、仓储等相关一切服务的总称"。吴震、朱亚伟将农村物流分为生产性物流、生活性物流和再生资源物流,其中,生产性物流主要包括农产品物流和农业生产资料物流;生活性物流主要包括日用消费品物流和农用建材物流。何孝强认为,农村物流应该包含三个方面:一是农村地区内产生的物流活动,二是农产品通过运输和配送产生的物流活动,三是农村区域内的居民因为生活而产生的生活物资采购与配送物流。

三、空间论

上述两种代表性观点大多是从农村物流的功能范围边界来进行定义的,除此之外,从物流的空间概念或地理发生位置对农村物流进行阐述的观点也较为流行。谢水清认为,农村物流是一个相对于城市物流的概念,是指为农村居民的生产、生活以及其他经济活动提供运输、搬运、装卸、包装、加工、仓储及其相关的一切活动的总称。邱丽玲也认为,农村物流是相对于城市物流而言的,包括农业物流和农村消费品物流。以孔祺为代表的学者则认为,农村物流是一个缩小的区域物流的概念,相对于城市物流而言,它不仅包括自上而下消费品的物流配送,同样也包括农村自产的农产品、农副产品的外运销售。其目的是服务于广大农村居民的生产及生活,在整个物流配送过程中包含积累货物、空间储存、分拣货物、配发货物、送运货物等一系列狭义的物流活动,同时还包括运输、送达、验货等以送货上门为目的的商业活动,是基于商流和物流相结合的一种特殊、综合的物流配送环节。周建勤、鞠颂东从新农村建设角度出发,认为农村物流是指农村范围内与农业生产、农村生活密切相关的物流活动。赵媛媛指出,农村物流主要是为农民服务,为农村居民的生产活动、日常生活需求,以及与农业生产相关的一切经济活动提供各种服务。

农产品核心论以农产品为核心来界定农村物流概念。然而,目前随着我国农村居民消费水平的不断提升,农村生产、生活的多元化发展,仅以农产品为核心来界定农村物流可能覆盖面较窄。大农村物流论考虑到农村物流的综合性、复杂性,认为农村物流应涵盖因服务农村生产、生活而发生的一系列物流活动及再生资源物流。这种观点从品类而言覆盖范围较广,但又由于缺乏地理界定而容易造成农村物流外延过于扩大。空间论认为农村物流为发生在农村区域内的物流活动,以空间概念来界定农村物流概念,具有一定的合理性,但考虑到农村和城市之间地理边界的动态不确定性和模糊性,仅以地理边界界定农村物流也有其不合理之处。

综上所述,作者认为农村物流是一个区域的概念,与城市物流相对应。农村物流是主要发生在城市之外,农村地区有关主体从原材料采购到农产品形成,从农产品储藏、农产品流通加工到农产品销售的多种直接及间接活动所产生的物流,以及农村区域内的居民为获得生活用品及所产生的物流活动的集成。从品类而言,农村物流包含满足生产和消费需求的农产品物流、满足农业生产需要的农业生产资料物流、满足农村需要的生活消费品物流及为推进循环经济与建设节约型社会需要而形成的可再生物资的回收物流四个组成部分,体现为双向的物流形式。除此之外,考虑到部分地区乡镇企业的发展,农村物流还包含部分乡镇企业生产制造、销售等活动产生的工业物流。

第二节 农村物流的特点

农村物流与农村居民生产生活密切相关,因而农村物流主要具有如下特点:

（1）分散性。一方面,与城市相比,农村人口密度小,人口分布较为分散,因此需求具有分散性。另一方面,由于当前我国绝大多数农村生产以家庭为生产经营单位,因此生产也具有分散性。农村需求和生产的分散性使得服务于农村生产和消费的农村物流也呈现分散性。农村物流的分散性直接增加了农村物流的运输组织成本。

（2）季节性。农业生产本身具有很强的季节性,一方面,不同的农产品产出季节不同。另一方面,在农副产品生产周期中的不同阶段,对农用生产资料的品种、数量、时效等方面的需求不同。因此,农产品物流具有一定的季节性。农产品物流的季节性在一定程度上降低了以产地仓为代表的物流基础设施的利用率。

（3）多样性。从广义农业来讲,农产品涉及农、林、牧、渔、副业多种产品,不同农产品生产方式的差异导致对农村物流的要求不同,不同农产品本身的特性也对物流服务提出了不同的要求,例如,肉类和鱼类等产品的运输和存储需要专业化的冷链物流作支撑。然而,农产品的季节性、分散性使得高成本的冷链物流难以在农村地区广泛应用。

(4)不平衡性。农村物流的不平衡性主要体现在区域发展水平的不平衡和"工业品下行"与"农产品上行"之间量的不平衡。农村物流区域发展水平的不平衡主要取决于经济发展水平和地形地势等因素。一方面,从全国来看,我国东中西部经济发展不平衡导致东中西部农村物流发展水平不平衡,东部沿海省份的农村物流发展水平明显高于中西部地区。部分省份内部之间也呈现一定的不平衡性。如江苏省,苏南农村物流发展水平明显高于苏北地区。另一方面,山区较多地区的农村物流发展水平低于平原地区。"工业品下行"与"农产品上行"之间存在量的不平衡,主要是由于农村生产具有季节性,而居民消费具有全年性,因此绝大多数农村地区"工业品下行"的货运量远高于"农产品上行"的货运量,由此导致返程车辆空载问题较为严重。

(5)公益性。农村物流是"工业品下行"和"农产品上行"的保障,发展农村物流。一方面,有助于满足农村消费需求,降低农民生产生活成本,提高农民生活质量。另一方面,有助于保障农村农产品的输出,支撑农产品对外销售,增加农民收入,保障城市居民消费品质。此外,农村物流的发展还可以为农村居民提供创业、就业机会,实现增收。然而,由于农村物流的分散性、季节性、多样性、不平衡性等特点,农村物流建设和运营成本较高,盈利较难,市场难以充分发挥作用。因此,农村物流具有一定的公益属性,需要各级政府的大力支持。

第三节　农村物流发展背景

一、农村居民收入和消费快速增长

近年来,我国农村居民收入快速增长。根据国家统计局数据,2014—

2023年,我国农村居民人均可支配收入由10489元增长至21691元,翻了一番,年均增速约7%。随着农村居民收入的快速增长,农村消费水平也在不断提升。根据国家统计局的数据,2022年全年社会消费品零售总额439733亿元,其中乡村消费品零售额59285亿元,占社会消费品零售总额的13.5%;2023年全年社会消费品零售总额471495亿元,比2022年增长7.2%,按经营单位所在地分,城镇消费品零售额407490亿元,增长7.1%;乡村消费品零售额64005亿元,增长8.0%。2014—2023年我国农村居民人均可支配收入增长情况如图1-1所示。

图1-1　2014—2023年我国农村居民人均可支配收入增长情况

二、农村电商快速发展

近年来,随着互联网渗透率的提升和电商下乡,我国农村电商取得了快速的发展。截至2022年底,农村地区互联网普及率达61.9%,农村网民规模达3.08亿,占网民整体的28.9%,农村地区网络支付用户规模达2.27亿。中国消费者协会发布的《2022年农村消费环境与相关问题调查报告》显示,39%的农村居民网上购物频率已达每月平均1次至5次,18.9%的农村居民每月在网上消费6次以上。2022年,我国农村网络零售额达2.17万亿元,是2014年的11倍之多;2022年,全国农产品网络零售额达5313.8亿元,比2014年增长了4倍。

截至2022年底,全国农村网商(店)已经达到1730.3万家。2018—2022年全国农村网络零售额增长情况如图1-2所示。

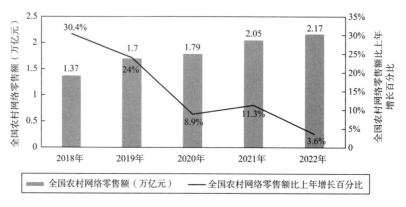

图1-2 2018—2022年全国农村网络零售额增长情况

第四节 农村物流发展意义

一、发展农村物流是实现乡村振兴的重要支撑

党的十九大报告提出实施乡村振兴战略,党的二十大报告提出全面推进乡村振兴,坚持农业农村优先发展,坚持城乡融合发展,畅通城乡要素流动。发展农村物流不仅可以加快推动"工业品下行"和"农产品上行",畅通城乡物资等要素流通,还可以促进城乡物流服务等融合发展。此外,发展农村物流可以支撑乡村产业的发展,助力乡村产业振兴,服务农村地区消费,提高乡村居民生活水平。因此,发展农村物流是推进乡村振兴的必要要求,也是实现乡村振兴的重要支撑。

二、发展农村物流是促进国内就业的重要途径

随着农村电商、直播电商等新业态的快速发展,农村地区逐渐成为大城市返乡人员的创业热土,农村物流作为服务农村电商、直播电商,实现物品交付的重要支撑,也逐渐成为吸纳人员就业的重要途径。农村物流作业流程涉及仓

储、中转分拨、运输、配送、自提等多个环节,每个环节都为广大县、乡、村居民提供了众多就业岗位,为人们实现就业增收提供了重要途径。

三、发展农村物流是促进国内消费的重要保障

促消费是当前加快我国经济发展的重要要求。一方面,随着收入水平的提高,许多市民对农产品的质量有了较高的需求,从田间地头到餐桌成为时下许多消费者热衷的消费方式,而这无疑对农村物流提出了挑战。另一方面,随着农村经济的快速发展,农村居民收入水平不断提高,消费需求和消费能力也在不断提升。通过发展农村物流,提高农村物流服务能力和服务水平,不仅可以将农村产出的农产品快速、高效地送达城市消费者手中,还可以快速地将各种工业品送达农村消费者手中,由此有力支撑和促进国内城乡消费。

第五节 电子商务背景下的农村物流

受电商渗透率、消费者网购习惯等因素影响,农村电商涉及的商品主要有日常快消品和农产品。因此,与之前界定的农村物流定义相比,当前电子商务背景下的农村物流更多是服务于农村居民正常生活和农副产品的对外销售,即生活消费品物流和农产品物流,依旧为双向的物流形式,又可称为"工业品下乡"和"农产品进城"。前述的农业生产资料物流、可再生物资的回收物流以及工业物流等,本书则不再考虑。本书后续中出现的农村物流,如无特指,皆为电子商务背景下的农村物流。

县、乡、村三级农村物流是发展农村物流的关键,是影响农村物流发展水平的重要因素。县、乡、村三级农村物流主要包括县、乡、村三级农村物流节点和串联农村物流节点的配送线路,如图1-3所示。农村物流节点即农村物流基础设施,包括县级物流园区、乡镇物流点和农村物流点。县级物流园区的主要功能为仓储、中转分拨、流通加工、共同配送,是开展共同配送、降低配送成本的重要支撑;乡镇物流点和农村物流点的主要功能是揽货、货物存储、自提、政务便

民服务、生活配套服务,是实现货物"下乡入村"和农产品进城的重要基础。配送线路主要包括"县—乡"段的货物配送和"乡—村"段的货物配送。2016年,交通运输部办公厅印发《关于进一步加强农村物流网络节点体系建设的通知》(交办运〔2016〕139号),其中明确提出,农村物流网络节点体系包括县级农村物流中心、乡镇农村物流服务站、村级农村物流服务点三个层级,是农村地区重要的公共服务基础设施,也是支撑农村物流健康发展的先行条件,对于保障城乡物资双向顺畅流动、提升农村基本公共服务水平、支撑农业现代化发展具有重要作用。

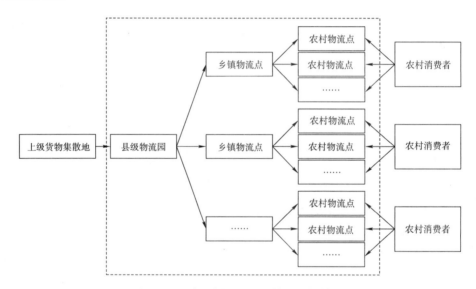

图1-3 电子商务背景下县、乡、村三级农村物流

第二章
农村物流发展现状

第一节 农村物流发展基础

一、农村物流基础设施

近年来,我国农村物流基础设施加快建设,基础设施水平不断提升,为发展农村物流打下了坚实基础。从交通运输角度看,截至2022年底,全国农村公路总里程达到453万km,全国农村公路列养率达100%、优良中等路率达89.3%。具备条件的乡镇和建制村100%实现通硬化路、通客车,以县城为中心、乡镇为节点、村组为网点的农村公路交通网络已经初步形成。从邮政快递角度看,截至2022年底,邮政全行业拥有各类营业网点43万处,累计建成990个县级寄递公共配送中心、27.8万个村级快递服务站点,实现乡乡设所、村村通邮,快递网点乡镇全覆盖。部分地区农村物流网点如图2-1、图2-2所示。

二、农村物流技术装备

农村物流主要包括仓储分拨、运输配送、自提等环节,前述作业环节涉及的技术装备包括存储装备、装卸装备、分拨装备、车辆装备、信息采集及打印装备等。其中,存储装备包括县级物流园区、乡镇和农村物流点内的货架,主要用于货物的存放;装卸装备主要包括县级物流园区内的叉车、手动液压搬运车(俗称"地牛")、托盘等,以及配送过程中使用的手推车;分拨装备主要为县级物流园区内的传送带,以半自动化为主;车辆装备主要为运输配送途中使用的货车;信息采集及打印装备主要为快递公司、物流公司统一为员工配备的,在县级物流园内中转分拨以及在乡村物流点交付使用的便携式扫描、打印设备。农村物流作业涉及的技术装备的类别与城市相比大同小异,区别主要在于城市物流技术装备因为货物流量规模大、城市管理要求高等客观实际,自动化、绿色化、厢式化、标准化的程度更高。此外,许多农村地区开始利用农村客车带货进村。部分地区农村物流配送车辆如图2-3～图2-5所示。

图2-1　贵州省德江县县级公共性快递分拣处理中心

图2-2　山西省武乡县村级物流网点

第二章　农村物流发展现状

图2-3　内蒙古自治区呼伦贝尔扎兰屯市农村物流配送车辆

图2-4　贵州省德江县农村客车带货

图2-5　山西省武乡县农村物流配送车辆

三、农村物流企业

农村物流企业作为农村物流服务的提供方,影响着农村物流的发展水平,是推动农村物流发展中的关键要素。近年来,随着城市市场竞争的越发激烈,县城及乡村地区逐渐成为电商企业、快递企业关注的热点,许多企业逐渐开始实施电商下乡、快递进村等战略,由此农村物流市场中迎来了众多大型企业,如申通、圆通、中通、韵达、京东、顺丰、德邦、极兔等快递企业。上述快递企业在农村地区往往会面临快件量规模小、配送成本高的难题,而由于竞争问题,这些企业又难以合作,开展共同配送。除了传统快递类物流企业,农村物流市场中还活跃着许多中小型企业,它们大都是传统商贸配送企业、区域物流企业、报纸配送企业乃至农村客运企业等,它们的共同特点是本身在农村地区经营有货物配送业务或客运业务,并在此基础上通过与其他快递公司合作,实现运力、网点等资源的共享,从而在农村地区开展共同配送,降低各方配送成本,实现多赢。以山西省某村为例,通过其农村物流网点标志标识牌,可以看到包含快递企业、物流企业、邮政在内的众多农村物流企业,如图2-6所示。

图2-6 武乡县村级物流点标识

四、农村物流信息化

农村物流信息化水平主要取决于农村物流企业。当前农村物流企业主要包括邮政企业、快递企业、零担物流企业、共同配送企业等。邮政企业、快递企业已经有十分成熟的信息化系统,往往会向其自营或加盟的乡村网点输出标准化的信息化系统及配套信息采集设备等,因此该类农村物流企业信息化水平处于较高水平。零担物流企业和共同配送企业虽然无法与大型快递企业相比,但是其也都会购买或开发物流信息化系统,如仓储管理系统、运输管理系统等,因此该类农村物流企业信息化水平也能有效服务农村物流业务的开展。

五、农村物流支持政策

政府对农村物流发展起着重要的引导和支持作用。近年来,为进一步推动农村物流发展,国家以及有关部门陆续发布推动农村物流发展的支持政策,加大农村地区物流资源投入。

中央一号文件连续多年支持农村物流发展。近年来,农村物流发展连续多年被列入中央一号文件,重点支持农村物流冷链基础设施、县、乡、村三级物流网点体系、共同配送等。例如,2018年提出建设现代化农产品冷链仓储物流体系,支持供销、邮政及各类企业把服务网点延伸到乡村;2019年提出完善县、乡、村物流基础设施网络,鼓励企业在县、乡和具备条件的村建立物流配送网点;2020年提出支持建设一批骨干冷链物流基地,加强村级电商服务站点建设,推动农产品进城、工业品下乡双向流通;2021年提出加快完善县、乡、村三级农村物流体系,推进田头小型仓储保鲜冷链设施、产地低温直销配送中心、国家骨干冷链物流基地建设;2022年提出实施"快递进村"工程,鼓励发展"多站合一"的乡镇客货邮综合服务站、"一点多能"的村级寄递物流综合服务点,推进县、乡、村物流共同配送,促进农村客货邮融合发展,推动冷链物流服务网络向农村延伸,整县推进农产品产地仓储保鲜冷链物流设施建设;2023年提出加快完善县、乡、村电子商务和快递物流配送体系,推动农村客货邮融合发展,大力发展共同配送,推动冷链物流服务网络向乡村下沉。近年来,中央一号文件对于农村物流的有关支持内容见表2-1。

2018—2023年中央一号文件支持农村物流情况 表2-1

时间	发布部门	文件名称	重点内容
2018年	中共中央国务院	关于实施乡村振兴战略的意见	重点解决农产品销售中的突出问题,加强农产品产后分级、包装、营销,建设现代化农产品冷链仓储物流体系,打造农产品销售公共服务平台,支持供销、邮政及各类企业把服务网点延伸到乡村,健全农产品产销稳定衔接机制,大力建设具有广泛性的促进农村电子商务发展的基础设施,鼓励支持各类市场主体创新发展基于互联网的新型农业产业模式,深入实施电子商务进农村综合示范,加快推进农村流通现代化
2019年	中共中央国务院	关于坚持农业农村优先发展做好"三农"工作的若干意见	完善县、乡、村物流基础设施网络,支持产地建设农产品储藏保鲜、分级包装等设施,鼓励企业在县、乡和具备条件的村建立物流配送网点。统筹农产品产地、集散地、销地批发市场建设,加强农产品物流骨干网络和冷链物流体系建设
2020年	中共中央国务院	关于抓好"三农"领域重点工作确保如期实现全面小康的意见	启动农产品仓储保鲜冷链物流设施建设工程。加强农产品冷链物流统筹规划、分级布局和标准制定。安排中央预算内投资,支持建设一批骨干冷链物流基地。有效开发农村市场,扩大电子商务进农村覆盖面,支持供销合作社、邮政快递企业等延伸乡村物流服务网络,加强村级电商服务站点建设,推动农产品进城、工业品下乡双向流通
2021年	中共中央国务院	关于全面推进乡村振兴加快农业农村现代化的意见	加快完善县、乡、村三级农村物流体系,改造提升农村寄递物流基础设施,深入推进电子商务进农村和农产品出村进城,推动城乡生产与消费有效对接。促进农村居民耐用消费品更新换代。加快实施农产品仓储保鲜冷链物流设施建设工程,推进田头小型仓储保鲜冷链设施、产地低温直销配送中心、国家骨干冷链物流基地建设
2022年	中共中央国务院	关于做好2022年全面推进乡村振兴重点工作的意见	加快农村物流快递网点布局,实施"快递进村"工程,鼓励发展"多站合一"的乡镇客货邮综合服务站、"一点多能"的村级寄递物流综合服务点,推进县、乡、村物流共同配送,促进农村客货邮融合发展。支持大型流通企业以县城和中心镇为重点下沉供应链。加快实施"互联网+"农产品出村进城工程,推动建立长期稳定的产销对接关系。推动冷链物流服务网络向农村延伸,整县推进农产品产地仓储保鲜冷链物流设施建设,促进合作联营、成网配套。支持供销合作社开展县域流通服务网络建设提升行动,建设县域集采集配中心
2023年	中共中央国务院	关于做好2023年全面推进乡村振兴重点工作的意见	加快粮食烘干、农产品产地冷藏、冷链物流设施建设。加快完善县、乡、村电子商务和快递物流配送体系,建设县域集采集配中心,推动农村客货邮融合发展,大力发展共同配送、即时零售等新模式,推动冷链物流服务网络向乡村下沉

国务院高度重视农村物流发展。2021年国务院办公厅出台《关于加快农村寄递物流体系建设的意见》，指导各地政府及国务院有关部委从强化农村邮政体系作用、健全末端共同配送体系、优化协同发展体系、构建冷链寄递体系等方面加快农村物流体系建设，并提出了分类推进快递进村工程、完善农产品上行发展机制、加快农村寄递物流基础设施补短板、继续深化寄递领域"放管服"改革四项重点任务，明确到2025年基本形成开放惠民、集约共享、安全高效、双向畅通的农村寄递物流体系，实现乡乡有网点、村村有服务，农产品运得出、消费品进得去，农村寄递物流供给能力和服务质量显著提高，便民惠民寄递服务基本覆盖的目标。

商务部、财政部持续推进电子商务进农村。近年来，商务部、财政部连续多年在全国开展电子商务进农村综合示范工作，先后利用中央财政资金重点支持建立县、乡、村三级物流配送机制、县域电子商务公共服务中心和村级电子商务服务站点的建设改造、农村电子商务培训、聚焦和促进农村产品上行等，培育了众多能够发挥典型带动作用的示范县，对推动农村电子商务和农村物流发展起到了重要作用。截至2022年7月，电子商务进农村综合示范项目累计支持1489个县，建设县级电子商务公共服务中心和物流配送中心超2600个。

国家邮政局积极推动农村寄递物流发展。国家邮政局在《"十四五"邮政业发展规划》中提出，加强农村网络设施资源共享。加快完善农村寄递物流体系，实施快递进村工程。发展无接触服务。在《"十四五"快递业发展规划》中提出，加快建设以县级分拨中心、乡镇网点、村级寄递物流综合服务站为支撑的农村寄递物流服务体系；加快推广共同配送模式，鼓励邮政、快递、交通、供销、商贸等合作共用配送网络；鼓励快递企业在农产品田头市场建设或者租赁预冷保鲜、低温分拣、冷藏仓储等设施，减少产品损耗，提高农产品流通效益。

农业农村部积极推进农村冷链物流发展。2023年7月农业农村部办公厅发布《关于继续做好农产品产地冷藏保鲜设施建设工作的通知》（农办市〔2023〕6号），按照"补短板、塑网络、强链条"工作思路，聚焦鲜活农产品主产区、特色农产品优势区，强化支持政策衔接，完善设施节点布局，提出了完善产地冷藏保鲜设施网络、推动冷链物流服务网络向乡村下沉、培育一批农产品产地流通主体、创新一批农产品冷链物流运营模式四项重点任务，支持农产品产地冷藏保鲜设施建设。

交通运输部持续推进县、乡、村三级农村物流体系建设。交通运输部在2016年、2018年分别出台《关于进一步加强农村物流网络节点体系建设的通知》（交办运〔2016〕139号）和《关于推进乡镇运输服务站建设加快完善农村物流网络节点体系的意见》（交办运〔2018〕181号），均提出加快推进农村物流县、乡、村三级网络节点体系建设。2019年，交通运输部会同国家邮政局、中国邮政集团公司发布《关于深化交通运输与邮政快递融合推进农村物流高质量发展的意见》，鼓励县级物流企业在统筹当地商贸、农资、电商等货源的基础上，结合邮政快递对配送线路、频次和时效的要求，合理规划运输网络，开展"定时、定点、定线"的货运服务，利用沿途取送、循环配送等模式，为农村地区邮政快递、电子商务、农资销售、连锁商超等企业提供共同配送、集中配送服务，提高农村物流服务的直接通达和覆盖能力。2019年9月，交通运输部办公厅发布《关于深化交邮融合推广农村物流服务品牌的通知》（交办运函〔2019〕1359号），鼓励支持各地结合农村经济发展特点和物流实际需求，引导企业因地制宜培育农村物流服务品牌，引导培育一批市场竞争能力强、服务品牌知名度高、引领带动作用好的龙头骨干企业。截至2023年底，交通运输部已公布了四批农村物流服务品牌名单。

第二节 农村物流发展成效

近年来，在各级政府、各有关部门及有关企业的努力下，我国农村物流发展取得了较好的成效，农村地区基本实现快递物流服务全覆盖。

根据国家邮政局数据，截至2022年底，全国已累计建成了990个县级寄递公共配送中心、27.8万个村级快递服务站点，全国95%的建制村实现快递服务覆盖；累计开通了交邮联运邮路近2500条，新增农村投递汽车近2万辆，累计达

3.8万辆,基本实现每个乡镇至少1辆投递汽车;基本实现所有建制村都具有投递频次稳定、接收地点固定的直接通邮服务。根据商务部数据,2022年农村电商和快递物流行政村覆盖率达到90%。根据交通运输部数据,交通运输部会同有关部门在全国评选了100个县区农村物流服务品牌,鼓励各地学习借鉴。

第三章
农村物流发展模式分析

第一节 传统农村物流发展模式分析

一、"工业品下行"物流运营模式

配送到农村中的工业品主要包括乡村居民日常生活用品和农业生产资料，在传统的"工业品下行"物流运营模式中，大多数工业品需经过多级批发商至农村零售店，最后到达农村消费者手中，其流通模式如图3-1所示。

图3-1 基于传统渠道的"工业品下行"流通模式

传统的"工业品下行"供应链已形成多年，其物流方式也较为固定。传统零售渠道下的连锁超市是乡村地区日常生活用品和农业生产资料下乡入村的主要销售终端。生活用品或农资连锁超市的物流模式大同小异，基本为：乡村门店通过电话或网络订货后，县区配送中心根据需求向乡镇和农村连锁门店进行循环配送，如图3-2所示。

二、"农产品上行"物流运营模式

传统渠道下"农产品上行"主要以批发市场为核心和以生产基地为核心，其中前者占据主导。传统的"农产品上行"供应链已形成多年，由于运输批量较大，其物流方式以B2B为特点的整车物流和零担专线物流为主。以批发市场为核心的"农产品上行",农产品的流向多为从农户出发,经过收购商、批发市场、超市等,最终到达市民手中。以生产基地为核心的"农产品上行",农产品的流向往往越过本地收购商、本地批发市场而直达外地批发市场或大型客户等。传统渠道下"农产品上行"流程如图3-3和图3-4所示。本地批发市场或生产基地至菜市场、超市、餐馆等的物流配送主要分为三种:一是与传统零售渠道下连锁超市物流模式基本相同,也是根据需求进行循环配送;二是对于部分大型客户,如大型超市等,由本地批发市场或生产基地点对点直送;三是对于部分小型餐馆等,由店主自行至批发市场采购,即自提。

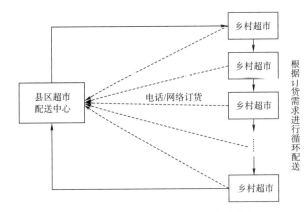

图3-2 传统零售渠道下连锁超市物流模式

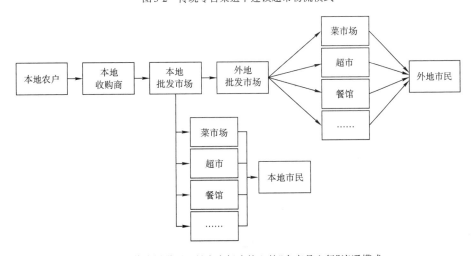

图3-3 传统渠道下以批发市场为核心的"农产品上行"流通模式

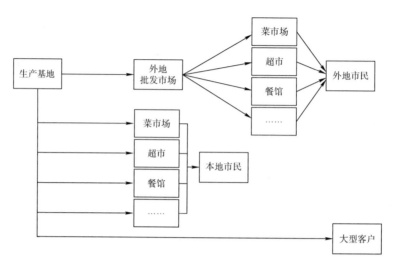

图 3-4　传统渠道下以生产基地为核心的"农产品上行"流通模式

第二节　电子商务背景下农村物流发展模式分析

一、"工业品下行"物流运营模式

随着电子商务的发展,以日常生活用品为主的部分工业品,开始通过淘宝、京东、拼多多、邮乐购、抖音等电商平台进行销售,由此产生新的物流需求,该种物流主要以 B2C 为特点的快递为主。然而,由于部分乡村地区居民居住分散、订单密度低、配送距离远,导致快递下乡入村成本较高,因此部分电商和快递公司一方面在农村地区设置物流节点,另一方面选择与第三方农村物流企业合作,将快件交予农村物流企业代送。基于电商平台的"工业品下行"流通模式如图 3-5 所示,物流模式如图 3-6 所示。

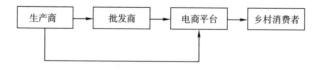

图 3-5　基于电子商务的"工业品下行"流通模式

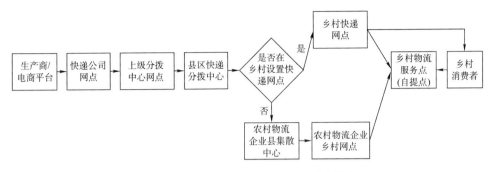

图3-6 基于电子商务的"工业品下行"物流模式

二、"农产品上行"物流运营模式

随着电子商务的发展,部分农产品开始借助淘宝、微信、拼多多等新的销售渠道上行,由此催生了新的物流需求,该种需求同样以快递为主。基于淘宝、微商、拼多多等电子商务形式的"农产品上行"流通模式如图3-7所示。其物流模式可看作电子商务渠道下的"工业品下行"物流模式的逆向物流,如图3-8所示。

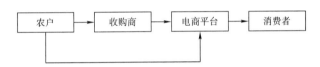

图3-7 基于电子商务的"农产品上行"流通模式

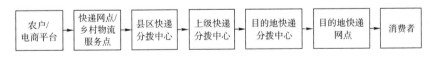

图3-8 基于电子商务的"农产品上行"物流模式

随着电子商务的快速发展,基于电子商务渠道的"工业品下行"和"农产品上行"成为重要的流通模式。然而,由于农村地区(尤其是偏远地区)订单密度低、配送距离远等特点,导致快递企业在农村地区的网点设置成本和配送成本过高,因此快递企业很少在农村设置快递网点,仅在规模较大的农村和乡镇地区设置网点,由此快递入村成为一大难题。而邮政虽然可以依托邮政普遍服务实现快递入村,但当前邮政普遍服务的时效性和服务质量无法有效满足快递企业和电商企业的要求,以及农村地区对产品销售和消费的需求,尤其是对于交通不便的边远地区。因此,快递不进村和邮政普遍服务水平的不足,在一定程度上制约了农村地区电子商务的快速发展,从而影响了工业品的下行和农产品的上行。面对上述问题,部分地区涌现出一批符合地方发展实际的农村物流企业。这些农村物流企业以"资源共享"为发展方向,通过在不同物流环节与不同主体合作,最后形成了各具特色的农村物流发展模式,有效降低了农村物流配送成本,促进了农村物流的发展,支撑了基于电子商务渠道的"工业品下行"和"农产品上行"。

第三节　电子商务背景下农村物流发展典型模式

截至2023年底,交通运输部会同有关部门在全国分四批评选了150个县区农村物流服务品牌,作为农村物流发展的先进典型供全国其他地区学习,四批服务品牌所在地及品牌名称分别见表3-1~表3-4。通过梳理表中农村物流服务品牌的名称,其中含有"电子商务"的有24个,含有"电商"的有32个,含有"快递"的有18个。部分农村物流服务品牌模式见本书第六章"农村物流发展典型案例"。

交通运输部第一批农村物流服务品牌名单　　　　　　表3-1

序号	省份	品牌名称
1	河北	隆尧县"电子商务+特色农业"
2		涉县"信息平台+客货同网"
3	吉林	磐石市"多站合一+客货同网"
4	黑龙江	穆棱市"交通运输+邮政快递"
5		东宁市"交邮融合+农村电商"
6	江苏	丰县"商农共网、统仓统配"
7		如皋市"交邮融合、客货同网"
8	浙江	宁海县"标准引领、信息助推"
9		绍兴市柯桥区"交邮供销融合发展"

续上表

序号	省份	品牌名称
10	安徽	凤阳县"电商引领、集中配送、统一标准"
11	福建	武平县"信息平台+统一配送"
12	江西	分宜县"城乡公交+物流电商+共同配送"
13	山东	惠民县"电子商务+乡村快递共配"
14		青岛市崂山区"信息平台+三级网络"
15	河南	栾川县"信息平台+统一配送"
16		卫辉市"多站合一+货运班线"
17	湖北	赤壁市"交邮融合+电子商务"
18		竹山县"信息平台+统一配送"
19	海南	海口市秀英区"特色农业+电商快递"
20	四川	盐边县"电子商务+农村客运"
21		金堂县"电子商务+乡村公交"
22	贵州	雷山县"电子商务+统一配送"
23	云南	腾冲市"交邮商跨业融合"
24	陕西	西安市鄠邑区"特色产业+电商快递"
25		白河县"电子商务+统一配送"

交通运输部第二批农村物流服务品牌名单　　　　　表3-2

序号	省(自治区、直辖市)	品牌名称
1	河北	隆化县"交邮融合助力脱贫攻坚"
2	山西	太原市万柏林区"客货邮融合发展"
3	内蒙古	扎兰屯市"智惠乡村+电商快递"
4	吉林	大安市"网络平台+农村物流"
5	江苏	新沂市"惠新农"
6		盐城市盐都区"客货同网"
7	浙江	德清县"交邮商融合发展"
8		淳安县"交邮融合+电商物流+特色产业"
9		杭州市余杭(临平)区"交邮快农商融合发展"
10	安徽	天长市"交邮融合+特色产业"
11	福建	沙县"新型邮政+电商物流"

续上表

序号	省(自治区、直辖市)	品牌名称
12	江西	安福县"交邮商农供融合发展"
13		安远县"智运快线+数字平台"
14		泰和县"电子商务+农村物流"
15	山东	蒙阴县"电子商务+联配联送"
16		金乡县"基地建设+仓配一体"
17		莱西市"共享平台+邮政快递"
18	河南	内乡县"客货邮商融合发展"
19		浚县"客货同网+多站合一"
20	湖南	攸县"城乡驿站+邮政快递"
21		耒阳市"电商物流+邮政快递"
22	广东	广州市从化区"客货邮商融合"
23		高州市"电子商务+农村物流+冷链配送"
24	广西	富川瑶族自治县"电商物流+特色产业"
25	四川	蓬溪县"交通运输+快递超市+网络平台"
26		达州市通川区"电商物流+共同配送"
27		南充市顺庆区"果州通+快递超市"
28	重庆	綦江区"客货同网"
29	贵州	习水县"交邮融合+新零售"
30	云南	楚雄市"农村客运+乡村物流"
31	陕西	扶风县"电商引领+精准扶贫"
32	甘肃	成县"电商脱贫+农村物流"
33	青海	共和县"电子商务+物流集群"
34	宁夏	灵武市"电子商务+邮快合作"
35	新疆	昌吉市"客货邮供+电子商务"

交通运输部第三批农村物流服务品牌名单　　　　表3-3

序号	省(自治区、直辖市)	品牌名称
1	河北	武邑县"电商物流 智慧管控"
2	辽宁	北镇市"交邮融合+供销配送+特色农业"
3		盘锦市大洼区"公交+邮政+电商三网融合助力乡村振兴"

第三章 农村物流发展模式分析

续上表

序号	省(自治区、直辖市)	品牌名称
4	吉林	公主岭市"客运物流超市+农村电商"七站合一
5		蛟河市"公路客运+农村物流+社区团购"合源供应链
6	江苏	南通市海门区"交邮合作·惠民兴村"
7		南京市江宁区"交邮融合、统仓共配"
8		睢宁县"e路相睢 物畅其流"
9		沛县"电子商务+共同配送+快消供应链"
10	浙江	嵊州市"推动客货电商深度融合 多方合力助推农村物流创新发展 探索共同富裕之路"
11		松阳县"特色产业+客货邮运输+电子商务"
12		武义县"客货邮融合助力富民增收"
13	安徽	广德市"多站合一+客货同网"
14		枞阳县"电子商务+农村物流"
15	福建	安溪县"多网融合+客货邮融合"
16	江西	新余市渝水区"整合供销交邮电商资源,助力乡村振兴"
17	山东	乐陵市"乐快工程"畅通农村物流微循环
18		日照市岚山区"岚流通+物流村村通"
19		郓城县"交邮合作+电商物流"
20	河南	新县"多网融合、智慧集约、普惠生态"
21		西华县"县乡村三级物流网络+客货邮融合"
22		孟州市"农村客货同网+交邮融合"
23		卢氏县"三级节点+信息平台+统一配送"
24	湖北	老河口市"双循环、全链条+农村物流+电子商务"
25		长阳县"党建引领+军团运作+智惠电商"
26	湖南	涟源市"电子商务+快递共配+农村商贸物流"
27		桃江县"客货邮融合发展+乡村好运"
28	广东	兴宁市"电商物流+农村客货同载+商超联运"
29	广西	全州县"客货邮融合兴农一体化发展"
30		贵港市港南区"特色产业+平台经济+农村物流"
31	重庆	巫山县"农村物流+客货兼运"
32	四川	江安县"金通畅行"

续上表

序号	省(自治区、直辖市)	品牌名称
33	四川	合江县"交邮商融合 助力乡村振兴"
34		崇州市"党建+客货邮共融"
35		达州市达川区"城乡物流共配+多站多网合一"
36	贵州	德江县"交邮融合+通村村+快递统仓共配+新零售+综合服务"
37	云南	安宁市"客货邮融合+城乡发展"
38	陕西	太白县"电子商务+客货邮"
39	宁夏	吴忠市利通区"客货邮商融合发展"
40		永宁县"电子商务+积分超市"

交通运输部第四批农村物流服务品牌名单　　　　表3-4

序号	省(自治区、直辖市)	品牌名称
1	河北	武安市"交邮下行、电商上行+共同配送"
2		晋州市"商超供销同网 城乡一小时送达"
3		饶阳县"电商平台-特色农业-农户直采"
4	辽宁	法库县"交邮携手同网 助力'鱼梁'通达"
5	吉林	辉南县"打造一站多能农村物流驿站"
6		镇赉县"客货同网+农村电商"
7	黑龙江	富裕县"城乡一体+客货同网+智慧农业"
8		同江市"农村物流+电子商务"
9	江苏	南京市溧水区"交邮快融合,助力城乡发展一体化"
10		常熟市"数字新商超+跨业全融通+城乡广供配"
11		东海县"福如东海、驿往情深"
12		金湖县"交邮快融合 创富'尧乡'家"
13		扬中市"交邮融合+共同配送"
14	浙江	安吉县"畅通城乡网络、助力共同富裕"
15		磐安县"城乡客货邮'BRT'❶畅通共同富裕农村物流网络"
16		新昌县"新畅达 畅通城乡共富路"
17	安徽	青阳县"交邮融合+快递共配"
18		舒城县"交商邮快跨界合作+共享邮路"

❶ Bus Rapid Transit的缩写,即"快速公交系统"。

续上表

序号	省(自治区、直辖市)	品牌名称
19	安徽	亳州市谯城区"交邮融合+农产品融合"
20		芜湖市繁昌区"交邮融合+客货同站+统仓共配"
21	福建	建宁县"农村客运+农村物流"
22	江西	资溪县"创新交邮共享,助力乡村振兴"
23		芦溪县"农村电商+快递共配+县城商贸"
24		永修县"客货邮融合+统仓共配+电商物流"
25	山东	宁阳县"智慧物流+交快融合"
26		济南市莱芜区"资源融合+客货并网"
27		临沂市兰山区"干支协同+城乡同网"
28		平邑县"商仓流"一体化发展
29	河南	郏县"乐万家·客货邮同网融合发展"
30		夏邑县"特色产业+电子商务+联盟配送"
31		鲁山县"县乡村物流综合体+双网快递融合+客货共配"
32		宝丰县"客货邮融合+快递进村"
33	湖北	宜城市"共同缔造+城乡共享"
34		十堰市郧阳区"四网融合、一体联动"
35	湖南	汨罗市"客货邮融合+电商物流+一村一品"
36	广东	大埔县"电商物流+农村客货同载"
37		翁源县"搭建三级物流体系、力助农品进城"
38	广西	灵川县"客货邮融合+电子商务"
39	四川	高县"红色速递"
40		丹棱县"金通+电商+邮快"融合发展
41	重庆	巫溪县"农村物流统仓共配+客货兼容"
42	贵州	正安县"交邮融合+新零售+新能源"
43	云南	双柏县"交通+电商+邮政"
44		姚安县"农村客运+客货邮"
45	陕西	镇坪县"邮快合作+一点多能+快递进村"
46	甘肃	康县"交电邮网络共建,城乡统仓统配共享"
47		民乐县"交邮融合+电商物流"
48	青海	湟源县"电子商务+农村物流"

续上表

序号	省(自治区、直辖市)	品牌名称
49	宁夏	青铜峡市"公交+邮政快递+电商服务"
50		泾源县"商贸流通+物流整合服务"

电子商务背景下农村物流发展的关键是"资源共享",即在"资源共享"的基础上实现共同配送。共享的"资源"主要包括基础设施、运力、人员等物流关键要素。四批农村物流服务品牌的名称充分体现了这一点。通过实地调研和文献阅读,本书初步总结了以下几种典型的农村物流发展模式。

一、"网络货运"模式

网络货运的前身为无车承运人。2016年交通运输部办公厅发布《关于推进改革试点加快无车承运物流创新发展的意见》(交办运〔2016〕115号),明确提出无车承运人是以承运人身份与托运人签订运输合同,承担承运人的责任和义务,通过委托实际承运人完成运输任务的道路货物运输经营者。无车承运人依托移动互联网等技术搭建物流信息平台,通过管理和组织模式的创新,集约整合和科学调度车辆、站场、货源等零散物流资源,能够有效提升运输组织效率,优化物流市场格局,规范市场主体经营行为,推动货运物流行业转型升级。2019年,交通运输部、国家税务总局联合印发《网络平台道路货物运输经营管理暂行办法》(交运规〔2019〕12号),其中明确提出网络货运经营是指经营者依托互联网平台整合配置运输资源,以承运人身份与托运人签订运输合同,委托实际承运人完成道路货物运输,承担承运人责任的道路货物运输经营活动。

电子商务背景下的农村物流具有需求分散性、不平衡性等特点,由此导致农村物流面临配送成本高的难题。而网络货运可以充分利用社会运力降低配送成本,因此,网络货运模式逐渐成为解决农村物流配送成本高的重要手段。本书中的农村物流"网络货运"模式主要指农村物流企业利用信息化技术调用社会运力,开展农村物流运输配送业务,以此降低农村物流配送成本。

二、"交邮(快)合作"模式

"交邮(快)合作"模式是指交通运输企业、邮政企业、快递企业间互相合作,通过共享基础设施、运力等,降低农村物流配送成本。例如,邮政企业、快递企业利用客运企业的县级客运站进行快件的中转分拨,利用客运企业的农村客车将快件配送入村。

三、"以商/工/报带农"模式

"以商/工/报带农"模式是指传统商贸企业、传统工业企业、传统报刊发行企业与邮政企业、快递企业等物流企业合作,分别以既有的县、乡、村商贸物流体系、工业物流体系、报刊发行物流体系为依托,借以拓展农村物流业务,实行共同配送。

除了上述模式,许多地区仍在不断创新发展农村物流,农村物流的新业态、新模式也在不断涌现,但发展农村物流的关键,即"资源共享",是不变的。

第四章
农村物流发展问题、需求及对策分析

第一节 农村物流发展面临的主要问题

一、基础设施存在短板

农村物流的运营需要以基础设施为依托,以便货物的集中、分拨、配送等。农村物流基础设施主要包括县级物流园区、乡镇物流点、农村物流点。当前部分县区缺乏集中统一的现代化物流园区,导致快递企业、物流企业的分拨场地分散在县区各处,而各家快递、物流企业由于配送到乡村的货物量较少,无法形成规模效应,因此各企业采用自动化分拨的成本较高。此外,由于各家快递、物流企业分散在县区的多个地点,在联合实行下乡入村共同配送前,货物的集中需要付出额外的时间及成本,由此降低了共同配送的经济性和时效性。另外,乡镇物流点、农村物流点大多是在乡村超市、村委等的基础上建立的,但是受选址不合理、货量不足等因素影响,部分地区乡村物流节点难以可持续运营,许多网点在失去政府补贴后便没有动力提供自提等便民服务。

二、服务水平存在短板

对于农村物流的"最后一公里",部分快递、物流企业考虑到成本问题,在部分农村地区放弃设立物流网点,采用外包的方式委托第三方完成"最后一公里"

的配送,而受第三方信息化水平、服务水平等因素影响,消费者会遇到无法及时查询物流信息、货物受损、"二次收费"等问题,尤其是"二次收费"问题,已成为许多乡村消费者反映的重点问题,如图4-1所示。而在以"共同配送"为核心的邮快合作、快快合作、交邮合作、客货邮融合等农村物流模式下,由于涉及多个市场主体,且市场主体间未就相关操作标准、操作流程、服务规范等达成一致,导致消费者经常遭遇物流时效下降、物流信息不及时、货损货差、投诉困难等问题。此外,由于乡镇和农村物流节点多为基于超市等场所的共建站点,物流企业对站点运营人员的管理约束水平较低,导致乡镇和农村物流节点的标准化、规范化水平较低,并因此易出现服务缺失、收费不规范等问题,从而影响甚至侵害了乡村地区消费者的权益。

图4-1 网民留言反馈农村快递"二次收费"问题

三、安全水平存在隐患

受监管力量不足等多因素影响,农村地区是安全监管的薄弱环节,农村物流主要涉及人、车、货、场站等要素,农村地区,尤其是山区农村地区,路况条件相对较差,对农村物流驾驶员安全规范驾驶、车辆日常维护具有较高要求。在农村物流上行环节中,货物安全查验水平受操作人员缺乏安全知识水平和操作水平、缺少安全查验设备等多重因素制约。县级物流园、乡村物流节点安全生产管理水平也较为落后。此外,农村物流企业多为中小型物流企业,安全管理水平不高,安全投入有限,且开展共同配送会涉及多个企业,易出现安全管理制度缺失、客货混装等问题。例如,如何识别错综复杂的禁限运物品对于农村物流基层工作人员来说就是一个难题。国家发布的禁止寄递物品指导目录如图4-2所示。

禁止寄递物品指导目录

一、枪支(含仿制品、主要零部件)弹药

1. 枪支(含仿制品、主要零部件):如手枪、步枪、冲锋枪、防暴枪、气枪、猎枪、运动枪、麻醉注射枪、钢珠枪、催泪枪等。

2. 弹药(含仿制品):如子弹、炸弹、手榴弹、火箭弹、照明弹、燃烧弹、烟幕(雾)弹、信号弹、催泪弹、毒气弹、地雷、手雷、炮弹、火药等。

二、管制器具

1. 管制刀具:如匕首、三棱刮刀、带有自锁装置的弹簧刀(跳刀)、其他相类似的单刃、双刃、三棱尖刀等。

2. 其他:如弩、催泪器、催泪枪、电击器等。

三、爆炸物品

1. 爆破器材:如炸药、雷管、导火索、导爆索、爆破剂等。

2. 烟花爆竹:如烟花、鞭炮、摔炮、拉炮、砸炮、彩药弹等烟花爆竹及黑火药、烟火药、发令纸、引火线等。

3. 其他:如推进剂、发射药、硝化棉、电点火头等。

四、压缩和液化气体及其容器

1. 易燃气体:如氢气、甲烷、乙烷、丁烷、天然气、液化石油气、乙烯、丙烯、乙炔、打火机等。

2. 有毒气体:如一氧化碳、一氧化氮、氯气等。

3. 易爆或者窒息、助燃气体:如压缩氧气、氖气、氩气、氪气、气雾剂等。

图4-2 禁止寄递物品指导目录(部分内容)

四、物流信息化水平不高

农村物流共同配送往往涉及多个企业,包括快递企业、零担企业、商贸企业、客运企业等,而由于各企业的综合实力不同、业务类型不同等,其物流信息化水平参差不齐,企业间实现信息互联共享的难度较高,信息孤岛的问题较为普遍,由此造成农村物流末端环节出现物流信息滞后、缺失等问题。此外,受自身技术水平、资金实力、人才等约束,部分企业对农村物流数据的利用水平也不高,既难以利用大数据、云计算等先进信息技术为消费者、合作方等提供便利的物流服务,也难以优化改善企业的自身经营水平。此外,由于农村物流企业的信息化水平总体较低,导致政府对于农村物流的信息化监管也处于较低的水平。

五、部门间政策协同水平不高

农村物流涉及交通运输、邮政、商务、供销、农业农村等多个行业管理部门或单位,上述部门或单位大多已连续多年出台支持农村物流的政策措施,通过依托客运场站、农村客车、村邮站、电子商务进农村、供销村级综合服务社等不同载体支持农村物流的发展。但是,部门间政策沟通的不足,导致政策未完全形成合力,一定程度上造成了资源浪费等问题。例如,部分乡镇和农村物流网点"各自为政",仅仅具备单一的功能,未能通过"多站合一"为乡村消费者提供综合便民服务。

六、地方政府重视程度不够

农村物流是实现"农产品进城"和"工业品下乡"的重要保障,是提升农村居民收入水平和消费水平的重要保障,是实现乡村振兴的重要保障。而由于农村居民居住具有分散性,农产品生产具有季节性,加上农村物流上下行比例不平衡,造成农村物流的组织难度高、经营风险大、投资回报慢、经营效益差,农村物流发展面临"开得通、留不住"的问题,仅靠市场化手段很难有效解决。当前部分县区政府没有充分认识到农村物流工作对于改善人民生活水平、推进乡村振兴战略的重要意义,未建立政府统一领导、各部门协同联动的体制机制,未将农村物流作为基本公共服务的一项重要内容给予政策支持,当地农村物流的发展更多是依靠企业自身,因此导致当地农村物流体系不完善,贫困地区和偏远山区农村物流服务常年处于较低水平。

第二节 农村物流发展需求分析

一、消费者需求

农村物流消费者对农村物流的需求主要聚焦于服务、时效、价格等方面。服务需求主要是指消费者希望农村物流经营者能够将物品配送上门或送至村级物流点,不仅能够安全、保质保量地送达或发出,而且不用支付额外的自提费用、上门配送费用或取货费用;时效需求主要是指消费者希望送达的时间不会太久;价格需求是指消费者希望物流费用不会太高。

二、企业需求

农村物流企业的需求主要聚焦于基础设施、运力以及政策支持等方面。基础设施需求主要是指对县级物流园、乡镇物流点、农村物流点等物流场地的需求,企业需要依托前述场地开展农村物流作业活动。其中县级物流园是重点需求,其是实现下行共同配送的重要基础,通过县级物流园将快递、物流公司的下行货物在此集聚,由此实现规模化,降低下乡入村的配送成本。乡镇物流点和农村物流点主要为村民提供自提或末端配送服务,以及寄件发运等服务,根据物流需求量的多少,末端网点可以是专业的物流网点,也可以是可以拓展物流功能的小超市、村部等机构。末端网点的可持续运营是农村物流发展的一大重点。运力需求主要是指对农村客车的需求,农村物流的分散性、季节性、不平衡性等特点,导致对运力的灵活性提出了很大的挑战,即"冷热线"不均匀问题突出,农村客车可以通过搭载中小件货物的方式,降低"冷线"配送成本。政策支持主要是当地政府在税收、土地、资金等方面的助企优惠政策,以此帮助企业能够获取物流用地,平稳度过前期因市场培育而产生的亏损期,保障网点可持续运营等。

三、政府需求

政府需求主要聚焦于安全、规范、服务等方面。安全需求主要是指农村物流的运营要符合各项安全管理规定,不能违法违规开展物流活动;规范需求主要是指农村物流的运营要符合服务标准,不能随意侵害消费者权益;服务需求主要是指农村物流的运营能够充分满足当地产业的发展,能够有力地支撑"工业品下行"和"农产品上行"。此外,政府也需要农村物流经营者能够提供足够的就业岗位,帮助当地人民更好地就业增收,更好助力乡村振兴。

第三节 农村物流发展对策分析

一、加强基础设施建设

加强县、乡、村三级农村物流基础设施建设。县级层面,加快建设现代化功能齐全的物流园区,引导物流企业、快递企业将其分拨中心集中至物流园区内,实现货物的集聚,便于集中分拣、自动化或半自动化分拣,降低集货成本,提升分拣效率,进一步降低农村物流共同配送成本。加快县级客运站的升级改造,拓展快递、物流等功能,针对货运量较少的乡村地区,充分利用农村客车村村通的优势,通过农村客车搭载中小件货物的方式开展货物配送。乡镇层面,依托乡镇客运站等既有场地改造或者新建具有中转、配送、自提、存储、发货、客运、购物等功能的乡镇物流节点,发挥乡镇物流节点"承上启下"的作用。村级层面,依托农村超市、村委等建设具有自提、存储、发货、客运购票、购物等功能的村级物流节点,为农村消费者提供取货发货便利。推动乡镇和村级物流节点融合客运、货运、购物等功能,实现"多站合一""一站多能",保障可持续运营。

二、提升服务水平

加强农村物流标准化、规范化建设。企业层面,深化快递企业、物流企业、客运企业间合作,加强操作流程、服务流程、物流信息等的对接,在营业场所明确和公示物流服务内容、服务标准、服务价格,推动制度上墙,加强对工作人员的培训和考核,畅通投诉渠道,及时回应消费者诉求。政府层面,相关行业管理部门加快出台农村物流服务规范或相关行业标准,引导农村物流企业提供标准化、规范化服务。加强行业监督检查,及时查处末端"二次收费"、暴力分拣等违法违规行为。加大投诉举报渠道的宣传力度,定期对投诉举报进行数据分析,及时纠正有关企业侵害消费者的行为。

三、提升安全水平

完善安全管理制度,加强安全监管。企业层面,完善安全管理制度,定期对驾驶员进行安全培训和安全考核,依托信息化手段加强对车辆的动态管理,严防车辆超载超速、疲劳驾驶等违法违规行为,加强对县、乡、村物流节点工作人员的安全培训和安全考核,提高工作人员对于禁限运物品、禁止寄递物品的识别能力和安全意识,在县级物流园配备合适的安检设备。政府层面,加强对快递企业、物流企业、客运企业等企业的安全监督,督促企业结合农村物流运营实际不断完善安全管理制度。加强信息化监管,探索建立农村物流信息化监管平台,实现车辆、货物的实时动态监管。加大抽检抽查力度,及时查处企业及从业人员违法违规行为。

四、提升物流信息化水平

提升物流运营信息化水平和监管信息化水平。企业层面,积极推进农村物流业务和管理数字化、信息化、智能化,推广应用仓储管理系统、运输管理系统等信息化管理系统,加快普及电子运单、电子标签,以及便携式扫描终端、北斗导航等先进技术设备,加强大数据分析应用,逐步将农村物流各环节数字化、信息化、智能化。在此基础上,加强企业间物流信息共享,有效支撑共同配送。政府层面,建立农村物流服务和监管信息系统,向农村物流企业开放信息端口,免费开放企业所需的社会公共信息,同时将企业运营车辆等信息纳入监管系统。

五、加强部门间政策协同

加强部门协同,形成政策合力。交通运输、邮政、商务、供销、农业农村、自然资源、财政等部门间加强政策沟通协调,在出台相关支持政策时坚持"资源共享"的原则,统筹综合利用各类资金渠道支持农村物流基础设施建设、技术装备升级、信息化建设等。例如,鼓励客货邮融合,将具备货运物流、邮政快递、旅游等综合服务功能的县级客运站新建改扩建项目、"多站合一""一站多能"的乡镇物流点和村级物流点项目优先纳入财政支持范围。

六、强化政府主体责任

完善工作机制,加强考核。建立完善工作机制,建立由县区领导直接挂帅的农村物流发展领导小组,统筹协调交通运输、邮政、商务、供销、农业农村、自然资源、财政等相关部门,加大政策支持力度。将农村物流作为乡村振兴的重要抓手,作为基本公共服务的一项重要内容纳入县区重点发展规划,推动政府把农村物流工作纳入领导班子和领导干部政绩考核内容。建立农村物流评价指标体系,及时补齐短板弱项,推动农村物流高质量发展。

第五章
农村物流发展水平评价指标体系设计与方法选择

如何衡量某一地区农村物流发展水平,及时识别农村物流发展短板,有针对性地加强政策支持,对于政府和企业都具有十分重要的意义。而构建科学合理的评价指标体系则是进行评价的基础。

第一节 农村物流发展水平评价指标体系设计

一、评价指标体系构建原则

为科学合理评价农村物流发展水平,评价指标体系的构建应遵循科学性、全面性、可操作性、定量和定性结合、简明性、普适性等基本原则。

(1)科学性原则。评价指标的选择要有科学根据,能够充分地反映县区农村物流发展水平。

(2)全面性原则。评价指标的选择要能从多个角度衡量当地农村物流发展水平,尽可能地包含农村物流的关键要素。

(3)可操作性原则。评价指标的选择要确保可操作,相关指标数据能够获取到,且易于获取。

(4)定量和定性结合原则。评价指标的选择既要有足够的量化指标,也要包含部分定性指标,以确保评价指标体系更加科学合理。

(5)简明性原则。评价指标的选择重点不在于多,而在于精。要充分考虑县、乡、村地区统计较为落后的实际,尽量设置少而精的指标有助于未来评价指标体系的有效落地。

(6)普适性原则。评价指标的选择要满足中国绝大多数地区农村物流发展水平评价的需要。

二、评价指标体系的构建

当前,已有许多学者已经对农村物流评价指标体系进行了研究。丁乔颖、邓砚方、安新磊分析了农村物流发展的主要影响因素,包括基础设施、投资、教育、信息化、居民消费和收入、农产品流通以及政府政策等因素。魏银英、万惠、赵军对宁夏海原县农村末端物流配送服务质量进行了评价,选取了便利性、可靠性、服务态度性、时效性4个一级指标和18个二级指标。邹辉、张敏、史一鸣从物流基础设施、信息资源、可靠性、响应性、服务性、经济性和政策环境等方面构建了农村电商物流服务能力评价指标体系。曹淑雯从农村经济水平、农产品相关产值、物流运输量和人力资源与条件4个方面筛选出10个评价指标,构建了江苏农村物流的评价体系。张东哲认为农村物流网络的可持续发展不仅依赖于物流经营主体自身的竞争力,更依赖于区域产业兴旺、城乡一体化和城乡双向流通。宾厚、张路行、王素杰构建了包括经营活动、物流活动、内外部环境3个一级指标和营业总收入、运输成本、员工离职率等23个二级指标的县、乡、村物流绩效评价指标体系。通过梳理现有农村物流评价的研究文献,可以发现指标体系的设计大多较为宽泛,部分指标较为宏观,且难以衡量中国东、中、西不同地区县区农村物流水平的差异。本书立足全国视角,构建了一套针对县区的农村物流发展水平评价指标体系,用来评价全国不同县区农村物流发展水平。

本书将目标层设置为县区农村物流发展水平。在一级指标的选取上,通过实地调研、座谈交流、电话采访等方式,综合采纳农村物流企业负责人、行业科研院所专家、高校学者、有关政府管理部门人士等群体意见,最终选择了基础设施水平、技术装备水平、信息化水平、服务水平、可持续性、机制保障6个一级指标和15个二级指标,如图5-1所示。

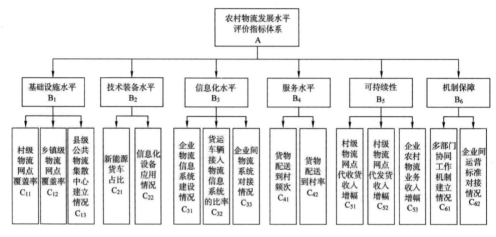

图5-1 农村物流发展水平评价指标体系

1.基础设施水平B_1

基础设施是农村物流的发展基础,该指标通过村级物流网点覆盖率C_{11}、乡镇级物流网点覆盖率C_{12}、县级公共物流集散中心建立情况C_{13}三项指标进行评价。

(1)村级物流网点覆盖率。该指标反映县区中村级物流网点的设置情况,村级物流网点是物流配送到村和农村消费者发货的重要依托。该指标计算公式如下:

村级物流网点覆盖率=设置村级物流网点的农村数量/县农村数量

(2)乡镇级物流网点覆盖率。该指标反映县区中乡镇级物流网点的设置情况,乡镇级物流网点是物流配送到村以及农村货物上行的重要集散站。该指标计算公式如下:

乡镇级物流网点覆盖率=设置乡镇物流网点的乡镇数量/县乡镇数量

(3)县级公共物流集散中心建立情况。该指标反映县区中是否设置有多家快递、快运等物流企业入驻的县级公共物流集散中心,县级公共物流集散中心是实现共同配送、降低物流成本的重要基础。

2. 技术装备水平 B_2

技术装备事关农村物流的效率和质量。该指标通过新能源货车占比 C_{21}、信息化设备应用情况 C_{22} 两项指标进行评价。

①新能源货车占比。该指标反映县区中农村物流发展的绿色化水平。该指标计算公式如下：

新能源货车占比=农村物流中使用的新能源货车数量/农村物流货车数量

②信息化设备应用情况。该指标可以反映县区中农村物流是否有应用信息化设备，如巴枪等。信息化设备的应用可以提高物流效率。

3. 信息化水平 B_3

信息化是提升农村物流效率和质量、降低物流成本的重要手段。该指标通过企业物流信息系统建设情况 C_{31}、货运车辆接入物流信息系统的比率 C_{32}、企业间物流系统对接情况 C_{33} 三项指标进行评价。

①企业物流信息系统建设情况。该指标可以反映县区中农村物流企业是否建有物流信息系统。

②货运车辆接入物流信息系统的比率。该指标可以反映县区中农村物流企业对于货运车辆的调度能力。该指标计算公式如下：

货车接入物流信息系统的比率=接入农村物流企业物流信息系统的货车数量/农村物流企业货车数量

③企业间物流系统对接情况。该指标可以反映共同配送中企业间是否实现了物流系统的对接，企业间物流系统实现对接可以提高物流效率和服务水平。

4. 服务水平 B_4

服务水平是衡量农村物流发展水平的重要指标。该指标通过货物配送到村频次 C_{41}、货物配送到村率 C_{42} 两项指标进行评价。

①货物配送到村频次。该指标可以反映县区农村物流的发展水平及服务

水平,具体是指到村货物每周的配送频次。

②货物配送到村率。该指标同样可以反映县区农村物流的发展水平及服务水平。该指标计算公式如下:

货物配送到村率=实际配送到村的货物数量/需要配送到村的货物数量

5.可持续性 B_5

可持续性是衡量农村物流发展水平的重要指标。村级物流网点能否持续经营下去是农村物流发展的关键,其收入主要包括代收货收入和代发货收入,单件货物的代发货收入往往高于代收货收入。该指标通过村级物流网点代收货收入增幅 C_{51}、村级物流网点代发货收入增幅 C_{52}、企业农村物流业务收入增幅 C_{53} 三项指标进行评价。

①村级物流网点代收货收入增幅。该指标可以反映县区中村级物流网点能否持续经营下去。值得注意的是,代收货收入主要来源为农村物流企业按件支付的佣金,而不是向自提用户收取的费用。该指标计算公式如下:

村级物流网点代收货收入增幅=(本年度村级物流网点代收货收入/前一年度村级物流网点代收货收入)-1

②村级物流网点代发货收入增幅。该指标可以反映县区中村级物流网点能否持续经营下去。该指标计算公式如下:

村级物流网点代发货收入增幅=(本年度村级物流网点代发货收入/前一年度村级物流网点代发货收入)-1

③企业农村物流业务收入增幅。该指标可以反映县区企业农村物流企业开展农村物流业务的积极性。该指标计算公式如下:

企业农村物流业务收入增幅=(本年度企业农村物流业务收入/前一年度企业农村物流业务收入)-1

6.机制保障 B_6

机制保障能够为农村物流发展提供重要的政策保障。该指标通过多部门协同工作机制建立情况 C_{61}、企业间运营标准对接情况 C_{62} 两项指标进行评价。

①多部门协同工作机制建立情况。该指标主要是指县区政府是否重视农

村物流的发展,是否成立了交通运输、邮政、商务等多部门协同推进当地农村物流发展的工作机制。例如,成立领导小组、多部门联合出台支持农村物流发展的政策文件等。

②企业间运营标准对接情况。该指标可以反映共同配送中不同企业间的业务合作深度情况,事关物流效率和物流服务水平。

第二节　农村物流发展水平评价方法选择

目前,关于物流领域常见的评价方法主要包括层次分析法、数据包络分析法、主成分分析法、模糊综合评价法、灰色聚类分析法以及多种方法结合的组合模型评价法。

一、常见评价方法

1.层次分析法

层次分析法(Analytic Hierarchy Process,AHP)是一种定性、定量相结合的系统化、层次化的分析方法。层次分析法将复杂问题分解为各个组成因素,将这些因素按支配关系分组形成有序的递阶层次结构,再按照对一定客观事实的判断,通过两两比较判断的方式定量地确定每个层次中元素的相对重要性,然后利用数学方法计算每个层次的判断矩阵中各指标的相对重要性权数。层次分析法的优点在于把定性分析与定量分析有机地结合起来,把人们依靠主观经验来判断的定性问题定量化,既有效地吸收了定性分析的结果,又发挥了定量分析的优势。但评价摆脱不了随机性和评价专家主观不确定性及认识上的模糊性。

2.灰色关联度分析法

灰色关联度分析法(Grey Relational Analysis,GRA)是灰色系统理论应用的主要方面之一。它是针对数据少且不明确的情况下,利用既有数据进行预测或决策的方法。灰色关联度分析认为若干个统计数列所构成的各条曲线几何形状越接近,即各条曲线越平行,则它们的变化趋势越接近,其关联度就越大。因此,可利用各方案与最优方案之间关联度的大小对评价对象进行比较、排序。该方法首先是求各个方案与由最佳指标组成的理想方案的关联系数矩阵,由关联系数矩阵得到关联度,再按关联度的大小进行排序、分析,得出结论。灰色关联度分析的优点是计算简单、通俗易懂,数据不必进行归一化处理,且无须大量样本,也不需要经典的分布规律,只要有代表性的少量样本即可,计算简便。它的缺点是许多因素取值不同会导致相关系数不唯一,所求得的关联度往往为正值,不能全面反映事物之间的关系,且不能解决评价指标间相关造成的评价信息重复问题,因而指标的选择对评判结果影响很大。

3.主成分分析法

主成分分析法(Principal Component Analysis,PCA)是一种数学变换的方法,它把给定的一组相关变量通过线性变换转成另一组不相关的变量,这些新的变量按照方差依次递减的顺序排列。实际上作了两个层次的线性合成。第一层次将原始指标通过恰当的线性组合而成主成分,按此累计方差贡献率不低于某个值的原则确定前几个主成分,这反映了原始指标的信息;第二层次是各主成分以各自的方差贡献率为权重,通过线性加权求得综合评价指标来分析路网的优劣,这反映了各主成分的信息。主成分分析法理论简洁,客观赋权,权重值是根据综合因子的贡献率的大小确定的,克服了某些评价方法中人为确定权数的缺陷,使得综合评价结果唯一,且客观合理。它的不足之处在于计算过程比较烦琐,对样本量的要求较大,且结果跟样本量的规模有关,同时主成分分析法假设指标之间的关系都为线性关系,若指标之间的关系并非为线性关系,有可能导致评价结果偏差。

4.单纯矩阵法

单纯矩阵法源于系统工程理论,其基本思路是避开各种指标之间错综复杂的关系,而主要着眼于判断各种指标之间的相对重要程度,以及判断分别考虑各单项评价指标时各方案之间两两比较的相对优劣程度。单纯矩阵法的优点是概念简明,但受人的主观意愿影响较大。

5.模糊综合评价法

模糊综合评价法(Fuzzy Comprehensive Evaluation,FCE),就是以模糊数学为基础,应用模糊关系合成的原理,将一些边界不清、不易定量的因素定量化,进行综合评价的一种方法。它是模糊数学在自然科学领域和社会科学领域中应用的一个重要方面。模糊综合评价首先确定被评价对象的因素(指标)集和评价集,再通过隶属度向量,获得模糊评价矩阵,最后把模糊评价矩阵与因素的权重集进行模糊运算并进行归一化,得到模糊评价综合结果。模糊综合评价法的优点是考虑到了客观事物内部关系的错综复杂性和价值系统的模糊性,克服了传统数学方法结果单一性的缺陷;其缺点是不能解决评价指标间相关造成的信息重复问题。因此,它适于处理定性指标较多或指标界限不明的综合评价。

考虑到农村物流相关指标既有定性指标又有定量指标的情况,但同时农村物流尚未建立统计体系,样本量缺乏历史长期的大量数据基础,因此对比上述分析,采取层次分析法进行评价是一个不错的选择。

二、层次分析法的使用

1.层次分析法简介

层次分析法,顾名思义是通过分层的方式实现评价。最终的目标为目标层,对目标层影响的每个因素列出来形成准则层,并分析比较本层次因素指标对上层影响大小。准则层影响的每个因素列出来形成方案层,并分析比较本层次因素指标对上层影响大小。通俗来说就是建立一个数学模型体系,在体系分层中把每个层次的因素列出来,再比较本层对上层的影响大小。最后通过数学定量定性的分析出每个指标所对应的影响力的大小,并以此为依据来解决复杂的问题。这种方式的宗旨就是用简单的数学方法为依据去优化决策方案,并为此提供理论依据。层次分析法对于解决生活中一些无法解决的问题起到了很大的作用,它将复杂问题简单化,并分析出它们彼此的联系,通过经验把这些元素放到不一样的层次中,形成一个多层次塔状的结构,在每一阶级对该阶级的各项因素做比较,分析出它的判断矩阵,通过数学的方法分析得到最大特征根和相应的正交化特征向量,确定彼此间的重要性,并依此类推得到不同层次的重要程度,最后算出各个指标对整个大目标的详细重要度,从而进行分析处理,得到最好的处理方式。

层次分析法的数学思维决策过程为人们提供了不同的主观判断,并对结果进行了定量分析。层次分析法把非常复杂的系统简化成了两两做比较和简单计算的方式。因此,尽管层次分析法自身有着不可磨灭的缺点和一定的局限,可是它迎合了大多数人的客观的思维决策方式,完美做到定性与定量相结合。这使得层次分析法在很多领域上发挥着十分重要的作用,成为很多领域最简单、方便、有效的一种决策办法。

层次分析法的思路主要分为以下四个层次:

(1)将一些不好解决的复杂问题简单化,使之分层次、简洁地呈现在决策者面前;

(2)综合不同个体的不同处理方式,使之更加完善,避免非常客观的数据出现;

(3)利用数学方法进行计算,辅助分析处理得到不同数据权重;

(4)通过结果分析和解决问题。

2.层次分析法步骤

(1)明确问题。明确层次分析法的最终目标,提出相应的变量和指标,分析变量和指标能否满足目标需求,通常采用的是特征值法来计算权重。

(2)建立多级递阶层次结构。分三层建立层次机构。第一层为目标层,体现模型建立的最终目的;第二层为准则层,围绕对目标层有主要影响的、相互独立的几个要素,构建准则层;最后是方案层,最底层、最复杂的指标层,要考虑和上层的联系,指标之间也应相互独立。层次结构图如图5-2所示。

(3)建立判断矩阵。判断矩阵是层次分析法的基本信息,也是相对重要度的计算,进行层次单排序的依据。判断矩阵是对本级要素进行两两比较来确定矩阵元素的。

首先确定赋值标准。一般来说,可以用5级定量方法,对应分度为1、3、5、

7、9,代表一个因素相对于另一个因素的重要性,如因素A比因素B,数字越大,表明前一个指标越重要。相反,次要因素比其他因素时,如因素B比因素A,定量值为1、3、5、7、9的倒数。在5级以上可以使用2、4、6、8四个数字插补来提高精度。具体详细情况见表5-1。

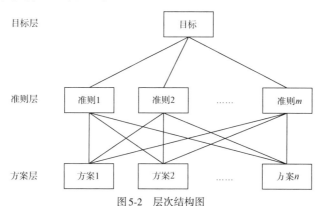

图5-2 层次结构图

判断矩阵中元素的赋值标准 表5-1

标度	含义	标度	含义
1	两种因素,同样重要	7	某个因素比另一因素很重要
3	某个因素比另一因素稍重要	9	某个因素比另一因素极重要
5	某个因素比另一因素较重要	2、4、6、8	上述相邻判断的中间值

其次建立判断矩阵B。对某一层次的因素,比如有$B_1,B_2,\cdots,B_n$,可以建立判断矩阵见表5-2。矩阵中的赋值b_{ij}表示因素B_i对因素B_j重要程度的赋值。重要度赋值可以由决策者直接提供,或通过各种技术咨询、专家打分或通过其他适当的方式获取。

判断矩阵 表5-2

指标	B_1	B_2	…	B_j	…	B_n
B_1	b_{11}	b_{12}	…	b_{1j}	…	b_{1n}
B_2	b_{21}	b_{22}	…	b_{2j}	…	b_{2n}
…	…	…	…	…	…	…
B_i	b_{i1}	b_{i2}	…	b_{ij}	…	b_{in}
…	…	…	…	…	…	…
B_n	b_{n1}	b_{n1}	…	b_{nj}	…	b_{nn}

在建立判断矩阵时要对评价系统的要素及其相对重要性有深刻了解,保证被比较和判断的要素具有可比性,不出现逻辑错误。衡量判断矩阵质量的标准是矩阵中的判断是否具有满意的一致性,如果判断矩阵存在关系 $b_{ij} = \dfrac{b_{ik}}{b_{jk}}$,$i,j,k = 1,2,\cdots,n$,则称判断矩阵具有完全的一致性。为了保证结论准确,要检验矩阵。

(4)相对重要度计算。构建判断矩阵之后,一般要进行层次的单排序。这是对层次每一因素比对最高层次目标而言的重要度下一步排序的基础。

矩阵要符合完全一致性条件。按照各因素重要程度对比的内在规律,判断矩阵应该存在以下三个条件,可称为"完全一致性条件",即:

①对角线元素为1,即:

$$b_{ij} = 1, i = j = 1,2,\cdots,n \tag{5-1}$$

②右上三角和左下三角对应元素互为倒数,即:

$$b_{ij} = \dfrac{1}{b_{ij}} \quad i,j = 1,2,\cdots,n, i \neq j \tag{5-2}$$

③元素的优先次序的传递关系,即:

$$b_{ij} = \dfrac{b_{ik}}{b_{jk}} \quad i,j = 1,2,\cdots,n, i \neq j \tag{5-3}$$

求判断矩阵的特征根、特征向量 W 的分量就是对应于 n 个要素的相对重要度,即权重系数。常用的近似简单的计算权重系数的方法有和积法和方根法。本书运用的是和积法。其步骤是:

对B按列规范化:

$$\overline{b_{ij}} = \dfrac{b_{ij}}{\sum\limits_{i=1}^{n} b_{ij}} \quad i,j = 1,2,\cdots,n \tag{5-4}$$

按行相加得和数 $\overline{W_i}$:

$$\overline{W_i} = \sum\limits_{j=1}^{n} \overline{b_{ij}} \tag{5-5}$$

进行归一化处理,即得权重系数 W_i:

$$W_i = \frac{\overline{W_i}}{\sum_{i=1}^{n}\overline{W_i}} \qquad (5\text{-}6)$$

所求特征向量为：$W = [W_1 \quad W_2 \quad \cdots \quad W_n]^T$。

(5)一致性检验。如果事先不完全遵守式(5-1)~式(5-3)的条件对判断矩阵赋值，$b_{ij}, i,j = 1,2\cdots,n$ 就不一定能满足完全一致性条件。这时，就需要通过求出一致性检验指标 C.I(Consistency Indicator)进行一致性检验。

$$BW = \lambda W \qquad (5\text{-}7)$$

$$\lambda_{\max} = \sum_{i=1}^{n}\frac{(BW)_i}{nW_i} \qquad (5\text{-}8)$$

$$C.I = \frac{\lambda_{\max} - n}{n-1} \qquad (5\text{-}9)$$

式中，n 为判断矩阵的阶数；B 为所建立的判断矩阵；W 为所求特征向量；$\lambda_{\max}$ 为判断矩阵的最大特征值。

因为判断矩阵是最后计算权重的根据，所以要求矩阵大体上具有一致性。以此避免出现"A比B明显重要，B比C明显重要，而C又比A明显重要"的违背常理的判断，这就有失评价的真实性原则。因此，必须对判断矩阵的误差和相容性进行分析。查出相应的一致性指标 R.I(Random Index)，见表5-3。

矩阵阶数 n 不同时对应的 R.I 值　　　　　　　　表5-3

n	1	2	3	4	5	6	7	8	9
R.I	0	0	0.58	0.9	1.12	1.24	1.32	1.41	1.45

最后，算出其一致性比例：

$$C.R = \frac{C.I}{R.I} \qquad (5\text{-}10)$$

常规情况下，如果 C.R(Consistency Ratio)<0.1，则认为判断矩阵为一致性矩阵，结果是可以接受的，否则判断矩阵要做重新修改。

(6)层次总排序的计算。计算各级要素的相对重要度之后，就可以从最上级开始自上而下地求出各级要素关于系统总体的综合重要度，即进行层次的总排序。

假设上一级所有要素 A 的层次总排序已经给出，则本级要素 B 的相对重要度为：

$$(b_1^i, b_2^i, \cdots, b_n^i)^T \tag{5-11}$$

这里，若 B_j 与 A_i 无联系，则有 $b_j^i = 0$。要素 B_j 的综合重要度为：

$$b_j = a_i b_j^i \tag{5-12}$$

所以其综合重要度是以上一级要素的综合重要度为权重的相对重要度的加权和。本级全部要素的层次总排序的计算方式见表5-4。综合重要度总是由最高级开始，以此往下递推计算的。因此，要计算某一级的综合重要度，必须先要知道上一级的综合重要度。

全部要素的层次总排序的计算方式 表5-4

a_i	A_1	A_2	$\cdots$	A_m	b_i
B_i	a_1	a_2	$\cdots$	a_m	
B_1			$\cdots$		
B_2			$\cdots$		
$\cdots$	$\cdots$	$\cdots$	$\cdots$	$\cdots$	
B_n			$\cdots$		

第六章
农村物流发展典型案例

第一节 "网络货运"模式

发展"无车承运人+"新业态,打造农村智慧物流。宜昌百誉智慧物流有限公司以县、乡、村三级体系为基础,以长阳县交通物流分拨中心及智慧物流信息系统为核心,以直配运输、滴滴货运、交邮共建、客货联盟、交通商贸融合等多样化融合发展为营运模式,通过资源整合,形成以物流为链条,以电商、传统商贸、农业为动力的多业态融合发展的新型物流+的模式。通过科技化的运营,利用社会闲散资源,打造农村物流无车承运人,利用乡镇巡游配送,流域物流等各项举措,实现了长阳物流"最初一公里"和"最后一公里"的有序集散和高效配送,有效降低了农村物流配送成本,畅通了农产品进城和工业品下乡的双向流通渠道。

一、基本情况

长阳土家族自治县(简称长阳县)是湖北省宜昌市所辖的一个自治县,位于鄂西南山区、长江和清江中下游,是一个集老、少、边、穷、库于"五位一体"的特殊县份,全县面积3430km²,辖11个乡镇,154个行政村,人口41万,其中土家族占65%。长阳县是多年的国家级贫困县,全县重点贫困村39个,达到全县总村数量的25%,60%的村与县城的单边距离达到100km。农村地区特产有冷水米、黄花菜、茶叶、椪柑、蜂蜜、红桃等。宜昌百誉智慧物流有限公司成立于2017年,公司注册资金1000万元,是集物流园租赁、电子商务运营、物流运输、智能化配送于一体的综合型现代化物流电商企业。宜昌百誉智慧物流有限公司在长阳县建设了1个县级农村交通物流产业园、11个镇级农村交通物流服务站、154个村级农村交通物流服务点,搭建了覆盖长阳县的农村交通物流三级服务体系,提供物流运输、快递收发、农特产品展示、物流中转,信息集散等服务,公司现已基本实现行政村物流服务、站点建设全覆盖。公司基于农村智慧物流融合电商+N的多元化发展模式,实现了长阳物流"最初一公里"和"最后一公里"有序集散和高效配送,畅通了农产品进城和工业品下乡的双向流通渠道。

二、做法经验

1. 打造"物流+电商+农产品基地",促进农产品上行和工业品下行

宜昌百誉智慧物流有限公司在完善长阳县农村物流三级体系的同时,借助镇级站长、村级点负责人积极发展农产品基地,现培育出农产品基地10000余亩(1亩≈666.67m^2,枝柘坪冷水米基地、大堰乡黄花菜基地、大堰乡茶叶基地、渔峡口椪柑基地、都镇湾蜂蜜基地、龙舟坪红桃基地等),特色产品50余种(草鞋、石磨、茶叶、蜂蜜等)。另外,公司借助自建的电商平台"百誉商城",实现当地特色农产品的上行和工业品的下行。公司县级物流园、电商平台如图6-1所示。

2. 建立农村物流培训机制,完善节点设施设备配备

公司选择在村里具有一定影响力,家庭收入来源相对比较稳定,掌握电脑及互联网应用基本操作技能,有一定奉献精神和服务意识的村民作为农村交通物流服务站的负责人,同时对镇级站及村级点的负责人进行培训,培训内容包括电子商务运营、网店开设等内容。另外,利用农村农家店(超市)、农村综合服务社、村邮站、农村电商服务点等作为物流节点,对其设施设备进行全面的升级改造,使其具备物流快递收寄、信息收集和发布、电子商务服务、代销代购、农产品收储、代购、便民服务等功能。公司村级物流点如图6-2所示。

第六章 农村物流发展典型案例

图6-1 县级物流园和电商平台

图6-2 村级物流点

3.打造智慧物流平台,发展农村无车承运人

公司搭建了智慧物流信息系统,开发了具备"智慧物流+电子商务"功能的软件滴滴货运,并于2019年5月启动试运营,通过该软件以无车承运人模式整合社会上的闲置货运车辆,并链接长阳县所有乡镇的托运需求方,通过智能路径优化,以低成本、高效率的方式完成货物的运输。公司智慧物流平台如图6-3所示。

图6-3 智慧物流平台

4. 整合物流资源,实现多站合一和共同配送

公司选择现有的乡镇五级客运站场、快递公司服务站等,按照客运、物流、邮政、电商等"多站合一"的模式,对乡镇客运站和服务设施进行升级改造,使其叠加物流快递收寄、中转、信息收集和发布、产品展示、代销代购、农产品收储、代购、便民服务等功能,并承担该农村交通物流服务点的管理职能。另外,与快递公司、长阳邮政公司、供销社等企业合作,有机地整合乡村物流配送线路,通过共同配送最大限度地降低物流运输配送成本。此外,还与宜昌三峡物流园、晶海物流园、武汉各大物流园等在长阳农村具备物流业务的上一级物流园区合作。

5. 创新运输组织模式

公司采购10台运输车辆,整合不低于10家村级流域车辆,在人口密集区、物流高频发生区、物流辐射区域广的农村地区进行流域式运输配送;整合10条长阳到长阳各乡镇的干线物流,对长阳到各乡镇的货物进行干线配送运输;根据乡镇特点,针对性地在适合的乡镇,开通一条巡游干线,以乡镇农村交通物流服务站为中心,每天对物流高频发生的村级网点进行一次巡游运输配送。

三、取得成效

1. 带动长阳现代物流产业,促进社会经济发展

宜昌百誉智慧物流有限公司建设的长阳交通物流产业园促进了相关产业

的发展,尤其是带动长阳现代物流业的发展,对长阳经济的发展起着很强的联运作用。产业园集多种服务功能于一体,体现了现代经济动作特点的需求,即强调信息流与物流快速、高效、通畅地运转。产业园的建成,降低入驻园区企业的成本20%以上,很大程度地提高了生产效率。

2.促进物流行业降本增效

长阳现有的外地货运车辆回程空车率很高,造成车辆资源的浪费。宜昌百誉智慧物流有限公司开发的智慧物流信息系统和无车承运人模式有效提高了车辆回程利用率,降低了运输成本。此外,公司根据季节性的需要开通农产品基地直达专线,根据基地的需要提供冷藏等各种车型,去程由基地直发市场,回程根据市场的需要带上零担或者其他本地刚需农产品,为基地减少物流成本40%以上。渔峡口的清江椪柑,通过基地直发长阳交通物流产业园再至全国各地,至少减少中转时间24h。经测算,公司给快递物流公司节约乡下配送成本20%,为合作企业节约运输配送成本20%,部分需要自己配送的企业增加收入15%以上。

3.助力精准扶贫,实现乡村振兴

宜昌百誉智慧物流有限公司通过全产业融合,打造物流+N全产业链发展模式,现培育出农产品基地10000余亩(枝柘坪冷水米基地、大堰乡黄花菜基地、大堰乡茶叶基地、渔峡口椪柑基地、都镇湾蜂蜜基地、龙舟坪红桃基地等),特色产品50余种(草鞋、石磨、茶叶、蜂蜜等),直接或间接带动贫困户3000余人。实现农产品上行10万t以上,带动增收1000万元以上。

4.整合资源,集约化高效经营

宜昌百誉智慧物流有限公司对于长阳县的现有物流设施,如乡镇客运站、农资站、农家店等既有资源进行系统整合,并在此基础上引入新的专业化的物流设施,由点到线、由线到网地衔接各个物流节点,同时借助信息化技术升级拓展物流服务功能,建立起集仓储、运输、配送、信息服务等多功能于一体的农村物流体系,为全面提升农村物流服务水平,更好地促进城乡一体化发展,服务农业现代化提供了有力支撑。

第二节 "交邮(快)合作"模式

加强交邮合作,提高乡镇运输服务站综合利用效率。腾冲爱达商贸有限公司将申通、中通、圆通、韵达、百世、天天等快递公司的乡镇网点整合到固东镇客运站内,同时借助客运站内的通村客车和农村地区的部分自营或加盟物流点,将部分快件以农村客车捎带小件的形式由乡镇送至农村,最终打造了固东镇快递物流电商综合服务中心,由此固东镇客运站发展为具备集客运和物流服务功能的乡镇运输服务站,大大提高了乡镇运输服务站的综合利用效率。

一、基本情况

腾冲市位于云南西部,辖11镇7乡,总人口68.3万,与缅甸山水相连,国境线长150km,农村地区盛产茶叶、土鸡、干奄菜、干耳丝等特色产品。腾冲爱达商贸有限公司成立于2019年1月,注册资本20万元,员工总数12人,运输车辆6辆,建有2个乡镇级物流节点、3个村级物流节点,整合了中通、韵达、申通、百世、圆通、天天、唯品会、德邦等快递公司,年处理包裹数43万件,营业额210万元。此外,公司创始人还创办了腾冲好邻家商贸有限公司,该公司注册资本20万元,员工总数50人,主要负责腾冲县城小区末端网点建设及产品销售等业务,年处理包裹数73万件,营业额300万元。

二、做法经验

1.加强资源整合,提高乡镇运输服务站综合利用效率

腾冲爱达商贸有限公司充分整合乡镇快递网点、传统乡镇客运站、通村客车、农村超市等资源,将申通、中通、圆通、韵达、百世、天天等快递公司的乡镇网点整合到固东镇客运站内,同时将乡镇客运站作为镇级物流节点,将农村超市作为村级物流节点,此外,在腾冲市电子商务仓储物流配送中心租用了货物中转和办公场地,由此建立了农村物流三级节点。在运力方面,公司利用自有和外包的运输车辆以及农村客车,构建了运力网络,最终建立了农村物流三级网

络体系,促进了农产品的上行和工业品的下行。腾冲爱达商贸有限公司通过资源整合,在建立农村物流三级体系的同时,大大提高了固东镇客运站的综合利用效率,有效降低了农村物流运营成本,促进了当地农村物流的发展。固东镇快递物流电商综合服务中心如图6-4所示。

图6-4　固东镇快递物流电商综合服务中心

2.搭建电商平台,促进农产品上行

腾冲爱达商贸有限公司建立了针对城区消费者的电商平台"邻优商城",利用农村物流节点开发当地的特色农产品,同时利用腾冲好邻家商贸有限公司在县城建设的社区末端网点进行销售,由此打通了当地农产品的上行渠道。公司电商平台和末端网点如图6-5所示。

图6-5 电商平台"邻优商城"与社区末端网点

3.切入商贸业务,实现农村物流可持续发展

腾冲爱达商贸有限公司充分利用农村超市作为农村物流节点的同时,一方面利用农村超市开发当地特色农产品,由此增加上行货量;另一方面通过与市区批发商合作为农村超市提供商品供应和配送服务,由此增加了下行货量。公司通过切入商贸业务,不断拓展物流相关业务,在开发新的利润点的同时,增加了农村物流的上下行货运量,降低了单位运营成本,实现了农村物流的可持续发展。

三、取得成效

1.促进了工业品的下乡,提高了乡村居民生活品质

通过公司的农村物流三级体系,实现了快递、快消品等快速下行,有效满足了乡村居民的生活需求。

2.促进了农产品的上行,增加了乡村居民收入

通过公司的农村物流三级体系及电商平台,有效支撑了当地特色产品的快速上行,促进了当地居民的增收。

3.增加了乡村地区的就业,助力脱贫

公司在建立农村物流体系的同时,为乡村地区提供就业岗位60个,为当地脱贫攻坚提供了有效支撑。

第三节 "以商带农"模式

依托传统商贸流通模式,构建三级农村物流服务体系。陕西省扶风迅达农村物流有限公司依托上级集团陕西新茂集团及其兄弟公司在连锁超市、电子商务、农产品市场、企事业餐饮配送等领域的业务优势,借助"国家电子商务进农村综合示范县"试点,整合已有的县级配送中心、镇村超市、下乡商品配送、上行农产品采购等节点和运力资源,搭建了农村物流三级物流服务体系,打通了农村地区农产品的上行和工业品的下行。公司探索的"交通+实体+电商+特色产业+精准扶贫"模式,对推动扶风县农村物流健康发展、助力脱贫攻坚起到了积极的示范引领作用。

一、基本情况

陕西省扶风县地处关中平原西部,是宝鸡的东大门,因"扶助京师、以行风化"而得名。扶风县特色农业产业突出,粮食年产量30万t,栽植苹果24万亩,猕猴桃5万亩,果品年产量35万t,苹果获得"国家地理标识"认证,果品远销欧盟、俄罗斯、东南亚等地区,农产品年流出量达30000~35000t,85%销往四川、云南、广东等省外地区,生产生活资料主要由西安及周边市场供应,荣获全国电子商务进农村综合示范县等称号。

陕西新茂集团成立于2006年3月,是一家民营股份制企业,注册资本1.2亿元,资产总额7.6亿元,拥有29个独立法人企业。目前拥有物流配送、超市连锁、电子商务、酒店餐饮、房地产开发等八大产业集群,业务辐射西安、宝鸡、杨凌3地市12县区,扶风县域全覆盖。

陕西新贸集团旗下扶风迅达农村物流有限公司成立于2014年8月,注册资本500万元，资产总额3200万元，现有员工89人，拥有各类厢式专运货车22辆，城市配送专用车12辆，6条物流货运配送专线186km。建有物流仓库、配送中心4320m²，发展建设镇村网购体验店186家，在全县8个镇(街)115个行政村发展建设交通货运物流服务站302处，业务辐射杨凌、眉县、凤翔等地，扶风县域全覆盖。主要从事城乡物流配送、快递收发、信息发布、网上交易、代收代卖、货物运输、零担托运等及工业消费品下乡"最后一公里"和农特产品进城"最初一公里"的"双向互动"业务，已经形成了县、乡、村三级物流服务网络节点体系。

二、做法经验

1.依托集团连锁超市业务，建设农村物流三级网络节点体系

在县、乡、村物流节点方面，扶风迅达农村物流有限公司将上级集团公司陕西新贸集团在乡村地区所经营的连锁超市(包括乡镇直营超市、村直营超市、村加盟超市)发展为乡镇和农村地区的物流节点，同时在扶风县建设陕西新茂现代物流园，作为县级物流节点，由此构建了县、乡、村三级物流节点；在运输组织方面，在为乡镇和农村地区超市配货的同时，扶风迅达农村物流有限公司跟部分快递公司合作，利用农村物流车辆通过专线的形式将快递一并送至乡镇和农村地区的超市(物流点)，乡镇和农村地区的快件通过回程车辆揽回县城。由此，扶风迅达农村物流有限公司依托集团连锁超市业务，建设成了农村物流三级网络节点体系(图6-6)。

2.搭建电商平台，促进工业品下行和农产品上行

集团创建了宝鸡友云电子商贸有限公司，搭建全县独家电商平台"印象扶风"，涵盖工业消费品、农特产品两大类8300个单品，授权设立"印象扶风"镇村网购体验店151家，组建"蜗居乐购"电子商务公司，采用手机App运营模式，开启扶风一站式网购商城，同城一小时快捷配送。通过电商平台，一方面，各超市可以进行农村地区日用商品的采购；另一方面，城区消费者可以通过购买扶风当地的特色农产品。公司通过电商平台，利用农村物流专线车辆实现了农村地区工业品的下行和农产品的上行，同时一定程度上降低了车辆的空载成本，最

终降低了农村物流的配送成本。公司电商平台"印象扶风"如图6-7所示。

图6-6　三级农村物流体系——村级超市、农村物流货车、县级配送中心

图6-7　电商平台"印象扶风"

3.不断拓展物流相关业务,实现农村物流可持续发展

扶风迅达农村物流有限公司在不断完善农村物流三级网络节点体系的同时,依靠集团及兄弟公司不断拓展物流相关业务,连续五年承担了宝鸡市政府

冬春蔬菜储备应急任务12680t；连续六年竞标取得扶风县32所中小学学生"营养餐"专项供应配送业务；承揽了全县行政事业单位职工灶食材菜品采供配送；通过政府采购竞标取得全县机关事业单位办公用品、耗材的供应工作；承担了12户涉农企业本地农特产品收购、储存、外销的全部运输业务。通过不断拓展物流业务，公司在获取新的利润点的同时，增加了货源，提高了农村物流三级体系的利用率，降低了单位物流成本。

4. 统一标准，利用技术手段提高农村物流效率

扶风迅达农村物流有限公司配置了GPS全国卫星监控系统和即时呼叫定位系统，实现了农村物流安全顺畅、全程监控一条龙服务；坚持统一门牌、统一采购、统一价格、统一核算、统一售后的"五统一"原则；达到有资金、有场地、有设施、有商品、有市场、有客户的"六有标准"；将工作人员工作职责、工作标准、一牌一图等制度上墙公示，接受群众监督。

5. 积极争取国家资金补助，完善农村物流体系

扶风县作为国家电子商务进农村综合示范县，获得商务部1500万元中央财政资金补助，其中300万元资金用于农村物流体系建设，扶风县商务和工业信息化局先后出台了《扶风县电商集中销售活动物流奖励暂行办法》《扶风县农产品上行物流补贴办法》等奖扶办法，采取以奖代补、专项补助等多种形式，加大对示范企业及建设项目的扶持。公司积极争取该项资金，用以提高物流节点硬件配备水平，降低农村物流运营成本。相关设备如图6-8所示。

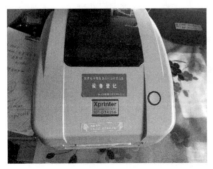

图6-8 国家电子商务进农村综合示范县支持资金购置的设备

三、取得成效

1. 促进了工业品的下乡,提高了乡村居民生活品质

通过公司的农村物流三级体系和电商平台,一方面,将优质、种类丰富的日用品快速配送到村,实现了货真、价廉;另一方面,将乡村地区所需的快递、快运等送至乡村物流点,方便了群众取货。

2. 促进了农产品的上行,增加了乡村居民收入

通过农村物流三级体系和电商平台及相关业务,截至目前,公司代收代卖农户分散种植的苹果、猕猴桃、辣椒等农副产品8320t,解决了群众卖难的问题,增加了居民收入。仅永安村物流配送点去年帮助群众销售苹果237t、红薯12t、物件收发1860件,基本实现了全村苹果零库存。

3. 增加了乡村地区的就业,助力脱贫

扶风迅达物流公司积极践行"物流+基地+扶贫"经营模式,为长期合作的天度镇苹果、城关镇蔬菜、绛帐镇洋葱三个农特产品基地常年提供业务培训、技术指导和资金帮扶;公司配合政府扶贫计划直接安置贫困户就业51人,为381名农村低收入人员提供了与农村物流相关的工作岗位,带动6800余户农民增收致富。

第四节 "以工带农"模式

依托传统工业物流,打造特色农产品综合物流解决方案。西安崇信物流有限公司位于西安市工业大区鄠邑区,主要为机械制造、零配件加工、电器制造、医药制造、药品包装、食品、农副产品等领域提供运输、仓储、配送等物流服务,在"以工带农"的理念下,公司依托蓬勃发展的工业物流基础,在鄠邑区构建了区、镇、村三级农村物流网络,以区为中心、以镇为节点、以村为终端在鄠邑区比较集中的镇村以及具有特色农副产品的镇、村设立了50个营业网点。一方面,公司通过各地的营业网点将当地特色农产品"户太八号"葡萄等货源揽入;另一

方面,与中铁快运、韵达快运、各快递公司等物流公司合作,整合公路、铁路、航空、快递、快运等物流资源,通过提供综合物流解决方案,实现当地特色农产品的快速对外输出,有效解决了当地特色农产品的上行问题。

一、基本情况

鄠邑区地处关中平原"一线两带"的重要节点,西安咸阳经济区中心,南依秦岭,北临渭河,盛产多种农副产品,包装加工、机械制造业方兴未艾,物流资源丰富,物流业发展潜力巨大。

西安崇信物流有限公司前身为2003年成立的户县崇信货运部,位于省级开发区鄠邑沣京工业园内,成立之初定位为县域区域经济发展提供货物运输服务。2011年成立了西安崇信物流有限公司,注册资金588万元,现有员工52人,2014年收购户县汇通通村快捷运输有限公司,新增通村快捷运输车辆50辆。截至目前,公司拥有运输车辆57辆,叉车2辆、搬运车7辆。自建企业运营系统、门户网站、车辆GPS监控、作业站场远程监控等互联网信息平台。拥有仓储面积4000余㎡、分拨场地1200㎡。企业总资产超过2000余万元,年货运吞吐量20余t。主要服务机械制造、零配件加工、电器制造、医药制造、药品包装、食品、农副产品等各项领域,与180余家本土及外埠知名企业建立了长期稳定的战略合作关系,形成了立足鄠邑、服务城乡、覆盖周边、连通全国的服务网络,集运输、仓储、配送、电子商务于一体的信息化、智慧化的现代物流企业。近年来,先后被省市区交通主管部门评为"城乡物流网络化建设示范单位""城乡物流一体化示范单位""农村通村物流试点项目单位",荣获战略合作企业"中铁快运优秀承运商""韵达快运网络贡献奖"等多项殊荣。

公司按照区内农村物流业务发展需要,投入509.54万元建成了以城区通村仓储配送为中心,以五竹、甘河、玉蝉、余下、石井、蒋村、祖庵等11镇及50个村级站点形成的农村物流三级网络体系。

二、做法经验

1. 依托传统工业物流体系,建立农村物流三级网络体系

西安崇信物流有限公司起家于工业物流,主要服务机械制造、零配件加工、电器制造、医药制造、药品包装等领域,从2015年开始,依托原有设立在工业密集区附近的镇村营业网点建立农村物流节点;另外,在靠近农业集中区的镇村以及具有特色农副产品的镇村设立农村物流节点,由此设立了50个营业网点辐射全区;在运力方面,依托原有为工业物流服务的车辆以及新合作的运输企业搭建起了运力网络,最终构建起了构建以鄠邑区为中心、以乡镇为节点、以村为终端的农村物流体系。公司县级仓配中心、乡镇网点如图6-9所示。

图6-9 县级仓储配送中心、营业网点

2. 资源整合,为当地特色农产品提供综合物流解决方案

西安崇信物流有限公司充分整合社会资源,加强多元化物流服务。通过与中铁快运、韵达快运以及其他快递、零担公司合作,整合公路、铁路、民航等多种运输方式资源,可以为用户提供快递、零担等全方位运输服务。"户太8号"葡萄是当地特色农产品,由于其保存期短等特性,公司通过整合以上各种运输资源,为当地果商提供了快速物流服务,有效支撑了当地特色农产品的快速上行。

3. 不断拓展物流相关业务,实现农村物流可持续发展

由于葡萄等果品的生产具有季节性,其物流运输往往集中在一个月。因此西安崇信物流有限公司不断拓展物流相关业务,降低农村物流单位运营成本。

公司通过自建配送中心和货运班线,为家电、农资、快消品等企业提供仓储和下乡配送服务,通过不断拓展物流相关业务,打通农产品的上行和工业品的下行,公司在获取新的利润点的同时,增加了货源,提高了农村物流三级体系的利用率,降低了单位物流成本。

4.充分发挥协会作用,实现资源共享和抱团共赢

崇信物流有限公司是西安市鄠邑区商贸物流商会会长单位,2018年,在鄠邑区电子商务协会和鄠邑区商贸物流商会的组织下,由鄠邑区邮政速递局、中铁快运、崇信物流、好易达物流、各大快递成立了鄠邑区快递物流联盟,通过联盟内各单位的运力资源共享、价格统一、利润分配协商等方式,有效解决了鄠邑葡萄及农产品运输问题,同时实现了共赢发展。

5.充分争取相关优惠政策,助力特色农产品上行

近几年,崇信物流有限公司充分争取铁路部门的优惠政策,得到铁路部门高铁快运的运力支持。在每年葡萄成熟时,对葡萄运输给予极大政策扶贫优惠,大大地降低了葡萄上行的物流成本,有效促进了葡萄的对外输出。

三、取得成效

1.促进了工业品的下乡,提高了乡村居民生活品质

通过公司的农村物流三级体系,实现了农资、家电、快消品等工业品的快速下行,有效满足了乡村居民的生产生活需求。

2.促进了农产品的上行,增加了乡村居民收入

通过公司的农村物流三级体系及综合物流解决方案,有效支撑了当地葡萄等农产品的快速上行,促进了当地居民的增收。

3.增加了乡村地区的就业,助力脱贫

公司按照区内农村物流业务发展需要,投入509.54万元建成了以城区通村仓储配送为中心,以五竹、甘河、玉蝉、余下、石井、蒋村、祖庵等11镇及50个村级站点形成的农村物流三级网络体系。公司在建立农村物流体系的同时,为乡村地区提供了一定数量的就业机会,为当地脱贫攻坚提供了有效支撑。

第五节 "以报带农"模式

依托报业网络,构建三级农村物流服务体系。杭州市临安区推动杭州日报报业集团与民资合作,成立了杭州城乡通商务有限公司,该公司充分利用杭报报刊发行网络和遍布农村的投递员队伍资源,发挥"有党支部的地方就有杭报"这一配送任务优势。在此基础上,通过设置区服务中心、镇服务站、村服务点三级服务体系,增加货运班车车次和车辆,将全区270个行政村和36个社区联结成一张全覆盖高时效的区域物流网络。截至2019年3月,全区已建成总仓1个、中转仓3个、镇级服务站14个、物流服务点320个,2018年12月投运以来,已运送包裹28万余件,单件物流时间节省时间50%以上,为老百姓节省配送费用30%以上,应需送货上门达100%。

一、基本情况

临安区位于浙江省西北部、杭州市西部。地处浙江省西北部天目山区,临安区境东西宽约100km,南北长约50km,总面积3126.8km^2;辖5个街道13个乡镇298个行政村。区人民政府设在锦城街道。2018年,临安区网销额为64.6亿元,其中农产品销售额占33%,快递件日均进出件量分别为15万件、30万件,网销额和快递增幅均在30%以上。但随着电子商务和城乡经济的快速发展,目前农村流通体系已不能满足农民消费升级和创新创业的需求,存在配送半径小、时效慢、收费高等诸多问题,打通"最后一公里"成为农村物流体系的最大痛点。针对这一现状,该区推动杭州日报报业集团与民资合作,成立了杭州城乡通商务有限公司,推出了"城乡通"农村物流配送模式,通过设置区服务中心、镇服务站、村服务点三级服务体系,将全区270个行政村和36个社区联结成一张全覆盖高时效的区域物流网络。全区已建成总仓1个、中转仓3个、镇级服务站14个、物流服务点320个,2018年12月投运以来,已运送包裹28万多个,单件物流时间节省时间50%以上,为老百姓节省配送费用30%以上,应需送货上门达100%。

二、做法经验

1. 健全网络，三级覆盖

根据临安区地形特点，建立服务中心、服务站、服务点三级物流网络体系。服务中心设置在玲珑街道，在於潜镇、昌化镇、龙岗镇设置3个中转仓；其余14个镇街道分别设置14个服务站；在每个行政村、城区居民集中居住小区、大型商业批发商城、农贸市场、学校、医院等地设置320个左右物流服务点。服务中心和服务站有中转、装卸、分拣等功能，并提供农产品、农资、日杂用品的代销代购服务。公司村级网点如图6-10所示。

图6-10 农村物流网点

2. 整合资源，村村必达

"城乡通"配送体系充分利用了杭报报刊发行网络和遍布农村的投递员队伍资源，发挥"有党支部的地方就有杭报"这一配送任务优势。在此基础上，增加班车车次和车辆，确保包裹村村都能送达。如将原来从城区到清凉峰镇的报刊运输车1班次/天增加到4班次/天；於潜镇、昌化镇、龙岗镇三个中转仓至远离102省道的岛石、潜川等乡镇间新增8辆班车。

3. 创新机制,送到手上

"城乡通"针对农村绝大部分快递包裹无法实现送货到家这一现状,通过创新内部管理模式,建立基本工资+绩效工资+质量奖+业务提成的配送薪酬分配机制,激发配送人员的经营潜能和配送质量,让"最后一公里"问题的解决变被动为主动。如每个包裹从物流服务点送至农户手上,配送人员可额外获得2元补贴,从而激发配送人员的积极性。截至目前,送货上门的包裹已达7万余件。

4. 班车"三定走",加快速度

开通农村物流货运班车,首期已投入16辆厢式车和27辆电动三轮车,开通8条干线和10条支线共计18条营运线路。所有物流货运班车执行"定线、定点、定时"的运行标准实行配送,实现每个行政村(部分偏远自然村)每天都有物流班车往返。公司通过主干线提高班车开行密度,支线服务站及沿途服务点用货运班车往返串联,服务站到村服务点用电动三轮车响应,从而可以实现下行和上行的物品当天达。

5. 管理"数字化",提升准度

"城乡通"开发了量身定做的信息管理系统,该系统由WMS(仓储管理)、OMS(订单管理)、TMS(运输管理)、RF(分拣)等功能模块组成,实现PC端、手机App、微信、PDF多终端、点对点应用,提高人员、货物、网点、车辆的协同优化和智能调度。客户可以通过拨打服务专线或在"城乡通"微信小程序上直接下单,后台会自动将客户需求信息发送到该服务区域的配送人员手机上,从而第一时间实现"点对点"的上门服务。通过该系统,单件物流时间可节省时间50%以上。截至目前,使用"城乡通"微信小程序和关注公众号的人数达4万多人,通过微信订单6万多件。公司信息系统部分功能模块如图6-11所示。

6. 员工"合伙制",激发活力

公司用工从雇用制向合伙制转变,实行超目标利润的30%分配给员工等经营成果分享机制,有效激活了企业运营活力。员工主要以当地回乡创业的大学生、退伍军人、村干部、农村商店经营者为主,他们不仅熟悉本村的环境,并且具备一定的文化素质,能较快地适应物流各项业务要求。已服务人员300多人,累计开展多次各类培训活动12次,参加人员2000人次,员工收入平均可达4万元/年。

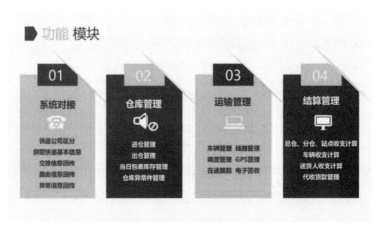

图6-11 信息管理系统

三、取得成效

1.降低物流成本

"城乡通"将包裹分为三类:家人亲戚朋友之间的亲情件、种植养殖专业户的商务件、电子商务的电商件。同时,根据农副产品的特点和不同性质的包裹制定不同的收费标准,首重提高到3kg,首重亲情件区域内一口价8元,商务件季节价6元,切实降低物流费用,让老百姓真正受惠。如5kg农副产品寄送按快递公司计价方法,首重8元/kg,续重2元/kg,需16元,按城乡通计价方法,首重8元/3kg,续重2元/kg,只需12元。

2.服务更加便捷

根据前期对100多个村和近万名农村老百姓的调查了解到,70%左右的农民物流需求并非电子商务产生的,现有物流体系无法真正做到农村"最后一公里"且无法实现区域内农副产品当天达的需求。"城乡通"根据其优势,把服务触角延伸至日常生活的每一个角落。截至目前,已承接各类日常服务达1.2万次。如在城区生活的子女通过"城乡通"物流,晚上可以吃到来自老家父母做的可口的家常菜肴。

3.服务内容更加丰富

"食当地,吃当季"是"城乡通"关注重点,短半径的物流路线不仅降低了物流成本和区域农产品跨区域销售的营销成本,也大大提高了生鲜农产品的消费者体验。目前"城乡通"已经和临安云彩农业、梅大姐高山蔬菜、锦兴农业等17家农产品企业,唯品会、宅急送、京东、花加等6家电商企业开展了业务合作,提供物流服务,已累计运送物流包裹28万件。

第六节 其他模式

一、山西太原市万柏林区"客货邮融合发展"

太原市万柏林区整合长途客运、邮政、快递既有物流资源,创新农村物流服务模式,打造"客货邮融合发展"服务品牌,推动完善农村物流服务体系。

(1)加强资源整合。依托长途客运,长期从事底仓货运,与邮政、顺丰、宅急送、安能、中铁物流等企业合作,服务网络覆盖吕梁、沂州、临汾等53个县区,有26条线路直达乡镇,可完成市县之间"当日达"和"集包"运输。

(2)深化开展"交通运输+邮政快递融合"。继续深化开展客车底仓运输项目,探索与邮区中心局、市内快递、物流公司等企业进行深度合作,依托客运站西站建立仓储中转站和县级客运站设立县级仓储中转站,实现一条龙服务。

太原市万柏林区通过长途客运底仓运输与邮政、快递企业、农村物流的融合,创新了"客货邮"运力整合的方式,提升了客运车辆的底仓利用率,同时增加了相关企业"当日达"业务板块,为乡村振兴贡献了一份力量。

二、内蒙古扎兰屯市"智惠乡村+电商快递"

扎兰屯市不断完善农村物流体系网络建设,探索了"智惠乡村+电商快递"的便民利农的农村物流新体系建设模式,取得了较好的成效。

(1)整合多方资源。组建专业公司,统一包揽邮政快递企业乡镇和农村快件,设立快递综合服务站实现快递服务网络向下延伸至村级最末端的运营。

(2)搭建智惠网。智惠网拥有"智惠乡村"网络电商平台和物流网络、基层服务站点,形成独具特色的第四方物流,与邮政快递企业联合共同打造"智惠乡村+电商快递"服务模式,破解农村末端配送高成本、低效率难题。

(3)加大政府支持。市政府为智惠乡村同城物流提供仓储配送中心1045.4m^2,为企业购置安检机补助金额8.05万元,对"智惠乡村"服务站已投入了200余万元。

(4)多头对接扩能。扎兰屯市以"智惠网"为依托,广泛对接电商、农村金融、农资销售等多方资源,建立多个运营模块,不断扩大平台功能。

"智惠乡村+电商快递"在服务农村牧区、与现代农业深度融合、降低上下行包裹综合物流民生等重成本等方面提供了综合服务,推动了快递业迅猛发展,全年实现网上交易额达到5.7亿元,直接和间接带动就业7600人,直接带动农牧民增收和在外青年实现回乡创业。

三、贵州习水县"交邮融合+新零售"

习水县通过组织化推动、体系化建网、集约化运输、品牌化运营推动"交邮融合+新零售"发展,打通"工业品下乡"和"农产品进城"双向流通渠道。

(1)组织化推动。成立了由县人民政府分管副县长任领导小组组长,县交通、发改、经贸、商务(电商)等相关单位以及县邮政公司、县快递企业协会为成员的交邮融合发展组织领导体系。

(2)体系化建网。整合交通县、镇两级客运站,"通村村服务站""户户达"服务站、商超等基层服务站点,网络涵盖全县26个乡镇(街道)。

(3)集约化运输。整合邮政、快递、交通运输企业运力资源,开展集约化运输,形成"集约统一、客货同载"的城乡物流运营模式。

(4)品牌化运营。推出集快递、电商、超市于一体的"交邮融合+新零售"服务品牌"初心快超",推动与农业生产企业、烟草、农产品经销商等跨行业联营合作,实现商品"需供销"线上线下"两线合一"。

习水县推动"交邮融合+新零售"发展模式,整合19条客运班线,每日可运输邮政快递1000件以上,目前已开设运营的19个"初心快超",日均可向农民收购销售新鲜果蔬2200多斤,使农特产品上行流通成本降低约32%。

四、贵州正安县"交邮融合+新零售+新能源"

正安县成立改革领导小组,高位推动"交邮融合+新能源+新零售"农村物流新模式,打造"一站多能、以站兴业"的"交邮融合+"综合服务体系,切实解决"农村物流进村难""农产品出村难""农村群众出行难"问题。具体做法如下:

(1)构建县、乡、村三级物流服务体系。县人民政府将交通设施资产统筹使用于交邮融合,由企业投入改造建设县级、乡镇快递物流供配中心,建设交邮融合综合服务站,完善客运服务功能、物流快递等服务功能。村级节点建设充分利用村委、村校闲置资产,构建"一站多能、一点多用"的物流服务设施。

(2)"客货同网"运输实现降本增效。正安县促成由"四通一达"快递、蔬菜协会等企业成立公司,与县客运站达成战略合作,统筹运作交邮融合各类资源。以村村通"客运率先"为切入点,投放适用于农村道路安全运行的新能源客运车辆,通过邮件快件捎带的方式,解决了"物流进村难、农副产品出村难""农村群众出行难"的问题。

(3)"交邮融合+冷链"实现新突破。建成3700m^3冷库、配置大型冷链物流配送车辆20辆,冷链物流配送网络辐射全县及周边区域,正安县"交邮融合+冷链"成为遵义市北部地区最大的冷链物流储藏配送中心。

正安县通过"交邮融合+"试点改革,助推黔货出山、工业品下乡,支撑县域经济发展,让人民群众充分享受改革成果,增强获得感。自改革以来,年均降低运输成本约80万元,累计带动就业人数500余人,实现农村3000余户户均增收1000元。

五、贵州德江县"交邮融合+通村村+快递统仓共配+新零售+综合服务"

德江县通过"交邮融合+通村村+快递统仓共配+综合服务"模式,构建县、乡、村三级物流体系，打通电商、快递进村和农产品出村进城的"最后一公里"和"最初一公里"通道，推动乡村振兴高质量发展。

(1) 推行仓储融合，降低物流配送成本。坚持快递统仓共配、抱团发展的理念，由第三方平台公司与邮政公司、快递公司加盟商联合共同组建项目公司，投资700余万元建成县级快递智能分拣中心并投入运营。

(2) 开展线路融合，提升运力资源价值。以盘活交通资源，实现多站合一、多线合一、运力融合为目标，将县级客运站、乡村客运站和行政村、社区服务点作为快递调度中心，整合全县47条乡村客运线和快递服务网点建立"客货同网"。

(3) 进行服务融合，优化平台功能配置。整合物流、商贸、电商、供销、农资、培训就业和金融保险等业务融合，采取"线上+线下"的方式，建立客货同网、资源共享的城乡客流、物流、商流、信息流等多流合一的服务体系，提供预约响应式农村客运、快递物流等便民服务。

贵州德江县通过打造"交邮融合+通村村+快递统仓共配+新零售+综合服务"模式，全县快递行政村送达率大幅提高。通过"客运带货"模式，每月每个班线可实现新增创收上千元，既降低了物流成本，又增加了客运企业的收入。

参 考 文 献

[1] 王新利.中国农村物流[M].北京:中国农业出版社,2005.

[2] 李宏宇.我国农村物流发展研究[J].学习与探索,2006(2):235-237.

[3] 宋巍.河南省农村物流网络建设与运营模式分析[D].郑州:郑州大学,2013.

[4] 范丽雪.电子商务背景下农村物流体系建设研究[D].济南:山东交通学院,2021.

[5] 吴震,朱亚伟.论农村物流的中心问题[J].中国合作经济,2007(9):2.

[6] 何孝强.农村物流发展水平评价及对策研究[D].合肥:合肥工业大学,2020.

[7] 谢水清.论农村物流的内涵与特点[J].重庆交通学院学报(社会科学版),2006(3).

[8] 邱丽玲.我国农村消费品物流运作策略研究[J].商场现代化,2008(3).

[9] 孔祺.电子商务背景下的曲阜地区农村物流配送体系的关键问题研究[D].长春:长春工业大学,2016.

[10] 周建勤,鞠颂东.区域物流规划中的农业与农村物流问题探讨[J].物流技术,2007(2).

[11] 赵媛媛.我国省域农村物流与农民消费的空间效应研究[D].成都:西南交通大学,2019.

[12] 中国数字乡村发展报告(2022年),农业农村部信息中心,2023.(https://www.cac.gov.cn/2023-03/01/c_1679309718486615.htm).

[13] 中国农村电子商务发展报告(2021—2022),中国国际电子商务中心,2022.(https://www.163.com/dy/article/HL1V4AQE051998SC.html).

[14] 丁乔颖,邓砚方,安新磊.乡村振兴视角下农村物流与农村经济协同发展[J].商业经济研究,2021(7):134-137.

[15] 曾丹丹.基于客运班车带货的农村电商物流末端配送模式[J].物流技术,2021,40(6):58-62.

[16] 魏银英,万惠,赵军.海原县农村末端物流配送服务质量评价[J].物流技术,2021,40(8):48-55.

[17] 邹辉,张敏,史一鸣.大数据环境下农村电商物流服务能力评价指标体系构建[J].全国流通经济,2021(28):18-20.

[18] 曹淑雯.江苏省农村物流发展水平综合评价研究[J].物流工程与管理,2022,44(3):133-136.

[19] 张东哲.乡村振兴下的农村物流网络可持续发展探讨[J].商业经济研究,2022(10):142-145.

[20] 宾厚,张路行,王素杰.基于FDA模型的县、乡、村物流绩效评价研究[J].技术与市场,2022,29(11):156-159.

[21] 董娜,赵良,沈严航.基于轴辐式结构的农村物流多层级配送节点选址研究[J].公路交通科技,2023,40(6):218-224.

[22] 沈严航,安然,王亚楠.不同情景下农村物流与电子商务融合发展模式研究[J].交通运输研究,2022,8(1):51-58.

[23] 安然,姜彩良,冯淑贞.对农村物流相关概念及关系的认识[J].交通标准化,2014,42(23):164-167.

[24] 安然,董娜,王硕,等.我国农村物流网络节点体系发展思路[J].交通运输研究,2020,6(2):13-19.

[25] 许良锋.数说中国快递[M].北京:人民邮电出版社,2022.